Pretty Woman

女人的一切美丽来源于卵巢

Pretty Woman

luan chao hao nü ren bu lao

卵巢好
女人不老

王必勤 编著

Healthy Ovaries

Happy Life

青岛出版社　国家一级出版社
QINGDAO PUBLISHING HOUSE　全国百佳图书出版单位

图书在版编目（CIP）数据

卵巢好 女人不老 / 王必勤 编著. — 青岛：青岛出版社，2015.5
ISBN 978-7-5552-1639-1

Ⅰ.①卵… Ⅱ.①王… Ⅲ.①卵巢—保健—基本知识 Ⅳ.①R711.75

中国版本图书馆CIP数据核字(2015)第043386号

女性美容养生系列

卵巢好 女人不老

书　　名　卵巢好 女人不老
编　　著　王必勤
出版发行　青岛出版社
社　　址　青岛市海尔路182号（266061）
本社网址　http://www.qdpub.com
邮购电话　13335059110　0532-85814750（传真）0532-68068026
责任编辑　刘晓艳
特约编辑　李加玲　徐艳硕
美术编辑　吴金周
版式设计　韩少杰
封面设计　刘潇然
制　　作　日知图书 北京日知图书有限公司
印　　刷　青岛炜瑞印务有限公司
出版日期　2015年5月第1版　2015年5月第1次印刷
开　　本　16开（710mm×1000mm）
印　　张　12
书　　号　ISBN 978-7-5552-1639-1
定　　价　39.00元

编校质量、盗版监督服务电话 4006532017
青岛版图书售后如发现质量问题，请寄回青岛出版社出版印务部调换。
　电话：0532-68068638

前言

岁月是女人最大的敌人，年轻时风华绝代的电影明星奥黛丽·赫本，晚年曾经亲口描述过她对衰老的感受："那种眼睁睁地看着自己一点点老下去的滋味，就好比被一把钝刀子架在脖子上，慢慢地拉过来、锉过去，惨痛的无奈中，只觉得人生充满了暗黑的悲凉……"

当你的皮肤开始干枯、出现色斑时；当你开始浑身酸痛时；当你感到时冷时热，而且难以入睡时；当你失去了阴道的润滑，失去了"性趣"时……当这些症状导致你身心疲惫、情绪抑郁时，你也许会思考：为什么面对同样流逝的岁月，同样年龄段的女人们衰老的节奏却并不一致，甚至彼此间还存在着巨大的差异呢？为什么偏偏少数女性就是不显老，甚至四五十岁了，看起来还像是30岁的状态呢？这些不显老的女人身上到底有着什么样的神秘的保持年轻的秘密，能把自己像放进冰箱里的水果一样长久"保鲜"？

其实，想要保持年轻一点都不难，只要保养好自己的卵巢便可做"常青女人"。女人之所以成其为女人，本质的原因在于内分泌。正是女性特有的内分泌器官——卵巢和它分泌的雌激素，才决定了女人有别于男人的魅力与柔情，也决定了女人一生的健康、美丽和"花期"，所以说，卵巢是女人的生命之源。

据统计，90%以上的女性竟对卵巢功能一无所知，于是每天伤害卵巢的情况都在发生：大量饮用咖啡、偏食、长期不做运动……这些常年累积下来的坏习惯极易造成卵巢的早衰和卵巢的各种疾病。据统计，每年都有数以万计的女性被确诊为卵巢早衰、卵巢囊肿、卵巢癌等疾病。那么，究竟怎样对卵巢保养才能避免卵巢疾病，留着易逝的青春呢？所有的这些疑问在本书中均能找到答案。本书站在医学最前沿的角度，帮女人真正了解自己的身体，掌握有关衰老的最起码的科学规律，教会女性利用医学常识进行养生保健，迅速判断卵巢发出的各种警告信号，找对卵巢保养的方法，让女性摆脱色斑、皱纹、身材走形、夫妻生活不和谐及更年期的困扰。

每一位女性都应该从这一刻开始，学会保养卵巢，关爱自己的健康！

CONTENTS

目录

/ PART 1 /

一个被90%的女性
忽视了的美丽真相

如果把女人的身体比作一个美丽的舞台，那么卵巢无疑是这个舞台的总导演。女性卵巢功能一旦开始衰减，美丽便出现危机。要想让青春常驻、美丽长存，养护卵巢才是根本的解决之道。

红颜易老？美丽易逝？
这些变老的症状你有哪一种

肌肤干燥衰老，黯淡无光；身体的诸多部位脂肪堆积，局部肥胖；内分泌紊乱，更年期提前；夫妻生活质量下降，月经不正常……这些令女性担忧的衰老症状是不是已经找上了门？

这样养卵巢，封存时光，
让你一直美下去

卵巢是女性青春的策源地，是女性的"秘密花园"，女人就是园丁，假若经常为花园浇水、松土、施肥锄草，自然会是姹紫嫣红，一片生机。

/ PART 4 /

养颜亦养"延"，
任岁月流逝也夺不走你的美丽

祈求永远青春健康是每个女人的愿望。然而卵巢的早衰让不少女性提前进入黄脸婆时期。花季保鲜源自卵巢的功能，只有养好卵巢才能让女人更女人、更青春、更健康……

珍惜你的"私密花园"，
别让疾病伤害了它

卵巢是女人最重要的部位，它的健康及其保养对于女人来说是一件非常重要的事，它关乎着女性朋友们的激素分泌情况以及卵子生成情况，因此，保养好卵巢对于女性朋友的身体来讲就显得格外重要。

Ovarian Health

一个被90%的女性
忽视了的美丽真相

如果把女人的身体比作一个美丽的舞台，那么卵巢无疑是这个舞台的总导演。女性卵巢功能一旦开始衰减，美丽便出现危机。要想让青春常驻、美丽长存，养护卵巢才是根本的解决之道。

女性的私密花园
——卵巢的前世与今生

嗨！各位女士好，我是卵巢。提起我来，你们一定都不会陌生。现在你们能这样明艳动人，可是多亏了我呢！我作为女性的性腺，主要功能是排卵及分泌雌激素，这两种功能分别称为卵巢的生殖功能和内分泌功能。

我属于袖珍型美人，长约4厘米、宽约3厘米、厚约1厘米，体重5～6克。通常，成熟女性卵巢的大小，相当于其本人拇指的大小。我是孕育"种子"的"小花园"，坐落于女性子宫两侧的输卵管后下方，像两个大眼睛一样观察着子宫周围的一切。我穿着灰红色的外衣，呈扁平的椭

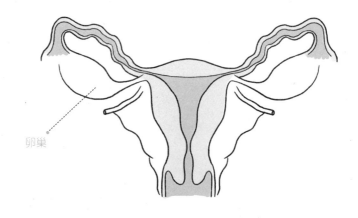

卵巢

圆形，表面凸隆。我的形态和大小与主人的年龄有关，当主人是一个幼年女孩时，我的表面平滑；当主人长大发育成熟之后，由于卵泡的膨大和排卵后结瘢，我的表面会变得凹凸不平。而且，同一个人左右两侧的卵巢大小也会不同。一般情况下，左侧的卵巢会比右侧的卵巢稍大。

不过可不要小瞧我，"麻雀虽小，五脏俱全"，我的身体虽然很小，结构却不简单。我的身体结构分为皮质、髓质和卵巢门。髓质如蛋黄一样，位于中央，由疏松结缔组织构成，其中有许多血管、淋巴管和神经；皮质就像蛋清，位于卵巢的周围部分，主要由卵泡和结缔组织构成，在皮质中散布着很多原始卵泡，是胎儿时卵原细胞经细胞分裂后形成的。女婴在胚胎20周时，身体中就有大量的卵泡了，数量可以多达700万个，但是它们大多会随着胎儿的发育而退化、闭锁、消失，没有机会来到这个世上，女婴出生时两侧卵巢中的卵泡剩100万~200万个，当女孩到了青春期卵泡只剩约4万个。女性一生中仅有400~500个卵泡发育成熟，但每月只有一个（亦可能有两个）卵泡发育成熟，直径可达20毫米左右，其余的发育到某一阶段时会自动闭锁、萎缩。

当一个粉嫩的女婴来到人世间，发出第一声娇嫩的哭声时，我也随之开始了漫漫生命之旅。别看我的身材娇小，但我拥有很强的领导能力。在女婴出世的那个时候，我领导着200万个卵泡呢，听起来很壮观吧！只可惜并不是所有的卵泡都可以健康快乐地成长，她们就像在进行一场长跑比赛，遵循着优胜劣汰的规则，只有优胜者才会发育健全，而其他的只能惨遭淘汰！

还记得年少时那些小秘密吗？那时我也同你们这些小女孩一样兴奋，而且变得更加鲜嫩、柔软、有活力。在我的帮助下，你们小小的身体进入了豆蔻年华，不经意间你们已经长成亭亭玉立的妙龄少女了。在12～14岁时，女孩会进入青春发育期，我也开始了周期性的工作——排卵。虽然我的工作量增加了，我身体里的卵泡大军却只剩下4万个了。即使这4万个卵泡，也并不都能发育成熟。我的小小的身体，如同一座小城池，严格地控制着卵泡出城。因此，每月一般只有1个成熟卵子被送出来，如果这个月由左侧卵巢负责生产，下个月就有可能由右侧卵巢负责生产。在女孩子的生育花季，一个个发育成熟的卵子开始被排放出来，我要这样不辞辛苦地工作大概30～40年。

女性在20～30岁的时候其内分泌达到一生中最旺盛的顶点，这个时候也是我

卵细胞

最成熟的时候，我已经有鹌鹑蛋那么大了，表面光滑、圆润饱满，供给女人全身所需的多种激素和生长因子，让女性时时都得到非常充沛的雌激素滋润，使她们皮肤水嫩、细腻、有弹性，乳房饱满坚挺，腰肢纤细紧实，身材匀称，全身上下充满健康的活力。

由于30岁前后是女性一生中内分泌最旺盛的阶段，我的工作量处于一生中最大的时期，要不断地超负荷运转、分泌足够的雌激素才能保证女性全身400多个部位的需求，这也是我由盛转衰的关键期，也是最容易出现问题的时期。当你们在40～56岁的时候，我衰老的速度明显加快，尤其是绝经后，也就是在你们50岁左右的时候，我就会逐渐缩小到原体积的1/2，体重也相应减轻，并且由于我经常排卵，卵泡破裂萎缩后，由结缔组织代替，因此我的实质也会逐渐变硬，功能活动基本停止。这时的我，就像一颗葡萄干，表面全是凹凸的瘢痕，显得干瘪皱缩。而这一结果，还可能因你们所受到的精神压力、体内积存的毒素和药物等因素的干扰而提前出现。

所以，当你们听到了我的自白之后，再也不要忽略我的重要性了！你们一定要好好爱护我，只有照顾好我，我才会给你们最好的回报，而我的回报将是你们最大的幸福！

卵巢孕育出来的不只是种子，
还有美丽

前卫不是"女人味"，不要以为穿上性感时尚的服装就有味道了；富婆不一定有女人味， 物质追求是增加不了女人味的，滥用化妆品只能加速女人的皮肤老化；弱不禁风也不是女人味，有女人味的女人不可能懒洋洋、病恹恹。有女人味的女人一定青春健康，活力充沛，任何时候都光彩照人。

要想女人味十足，就一定要保持体内雌激素的平衡，塑造身体之美。体内雌激素的平衡能让女人身段匀称、黑发如瀑、肌肤似雪，再加上湖水般宁静的眼波、玫瑰样娇美的笑容，女人味就会扑面而来。

那么，怎样维持体内雌激素的平衡呢？不是靠涂抹各种护肤品，更不是靠各类美容保养，靠的是我们体内的卵巢，因此，女性只有保养好卵巢，维持其功能正常，才能活得很有"味道"。

卵巢除了负担着生儿育女的责任外，它还能分泌雌激素和孕激素。雌激素主要由卵巢和胎盘产生，孕激素是由

雌激素的作用

1	促使女性皮下脂肪富集，体态丰满。
2	使乳头、乳晕颜色变深，并产生性欲。
3	促使体内钠和水的潴留，骨中钙的沉积等。

孕激素的作用

1	抑制排卵，促使子宫内膜增生，以利受精卵着床。
2	降低子宫平滑肌的兴奋度，保证妊娠的安全进行。
3	促进乳腺腺泡的生长，为怀孕后分泌乳汁做准备。

卵巢的黄体细胞分泌，以孕酮（黄体酮）为主。

卵巢把产生的雌激素释放到血液里，雌激素随血液通过血管流遍全身，调节全身各个器官。因此卵巢指令的传达都是由雌激素来完成的，它就像是一个邮差。

看到这里你或许会问，这与女人味有什么关系呢？我们先来看看这个过程，刚生下来的女婴血液里的雌激素含量非常少，几乎测不出来；等到十三四岁的时候，女孩开始发育，乳房长大，皮肤变得特别光滑，这时再测一下雌激素，含量增加了许多；如果开始有月经了，雌激素的含量又高了一点；30岁左右的时候，是女性身体的黄金时期，检测结果又高了；当女性步入老年的时候，骨骼疏松了、背驼了，这时候检测一下，雌激素含量降低下来了。这其实足以让你理解雌激素与女人味之间的关系了。

卵巢是女性最宝贵的财富之一，是女性美丽的根源所在。女性如果拥有健康的卵巢，可以使面部皮肤细腻光滑，白里透红，永葆韧性和弹性；促进机体健康，调节并分泌雌激素，提高两性生活质量；使胸部丰满、紧实、圆润。因此，在身体功能允许的范围内，女性的雌激素越多，越能体现女人的柔美与韵味，越能吸引男性的注意力。

雌激素不足的表现

雌激素对于身体的各个器官有着协调作用，它控制着人体骨骼、生殖、免疫、神经等几大系统的多个部位，维持这些器官的青春和活力。如果卵巢功能降低，雌激素分泌量减少，会让你的女人味大打折扣，这些会表现在你的皮肤、身体曲线、牙齿，甚至说话的声音上。

雌激素不足，会影响女性皮肤的外观美，肌肤会出现干燥、衰老、色斑、痤疮、暗淡无光、毛孔粗大等症状。

雌激素会让女性的皮肤比男性柔嫩、细腻。

据科学分析，皮肤中与柔嫩有关的成分是真皮中的玻璃酸酶。当雌激素在真皮内与其特异受体相结合时，在玻璃酸酶的作用下，皮肤可以保留更多的水分、营养物质和微量元素，从而改善皮肤对营养的需求，促进新陈代谢，增加含水量，令女性的皮肤显得格外柔嫩细腻，具有强烈的性感美。反之，则会造成各种皮肤问题，影响容颜。

雌激素不足，还会影响女性的形体美。雌激素会影响女性体内的脂肪代谢，促进女性皮下脂肪富集而显现丰满体态。青春期的女性，雌激素分泌充足，在雌激素的影响下，脂肪在胸部和臀部蓄积，形成了年轻女性的"S"形曲线。到了更年期，雌激素分泌减少，导致内分泌出现障碍，从而影响脂肪代谢，使得胸部脂肪流向背部，导致乳房松弛、下垂、外扩等。再加上运动量不足，脂肪逐渐在腹部、大腿周围堆积，导致女性身体发胖、臃肿，形成"水桶腰"。如果你不想乳房过早地下垂，不想纤纤细腰变成"水桶腰"，就一定要及时补充雌激素。

雌激素不足会对牙齿的健康产生不利影响。20世纪90年代起，美国一项研究对几千名女性进行了持续12年的观察，发现雌激素缺乏的女性牙齿容易脱落，而雌激素充足的女性牙齿的脱落速度明显下降。另对80岁老妇进行的研究发现，经常补充雌激素的女性比不补充雌激素的女性平均多3.6颗牙。

雌激素不足，还会影响女性的声音。雌激素的分泌减少对女性声音的变化起着决定性的作用，女性的声音在青春期、中年期与老年期会有很大的差别。古人用"莺声燕语"形容年轻女子的声音，到了老年，声音会变得迟缓、颤抖，会变得更低沉，甚至沙哑。而雌激素不足则容易使女性的声音过早地进入中年期和老年期。

雌激素的日常饮食调理

卵巢对女性非常重要，然而令人遗憾的是，卵巢的生理活性会随着年龄的增长而慢慢减退，不能陪伴女性到达其生命的终点。一般女性在50岁左右的时候卵巢就会开始萎缩，雌激素的分泌也会越来越少。渐渐地，当月经不再露面的时候，卵巢已经枯萎变成了纤维组织，这就意味着，女性的"女人味"将不复存在。

因此，想留住自己的"女人味"，一定要保证卵巢正常分泌雌激素。我们可以通过以下饮食来调理雌激素的分泌：

保持心情愉快，学会排解不良情绪，合理饮食，能够防止卵巢早衰。

:: 黄精乌鸡汤 ::

■ 乌鸡1只（或半只），洗净切成块，再取当归15克，黄精、枸杞子各30克，同放锅中，清水炖熟，分2次调味服食，隔日一剂。每月连服5次，连用3个月为一疗程。

:: 粳米黑芝麻粥 ::

■ 取黑芝麻30克，淘净，轻微炒黄碾成泥状备用。取粳米适量，或加核桃仁、莲子、芡实、山药（每种15~30克）其中的2~3种，煮粥。粥熟后加入芝麻，每日一剂，供早晚食用，20天为一疗程。

:: 生地首乌粥 ::

■ 取鲜生地黄60克，何首乌30克（或取肉苁蓉30克），榨汁（或用纱布包），加水，与适量粳米共煮粥。每日一剂，连用20天为一疗程。

:: 枸杞子栗子粥 ::

■ 取枸杞子、栗子各30克（或加胡桃仁、莲子），与粳米适量共煮粥，每日一剂，20天为一疗程；或与羊肉100克（洗净切块）加入调料共炖熟，吃肉喝汤，每日一剂，连用10天。

卵巢与孕育的关系

想怀孕，先养巢

> 卵巢，顾名思义就是"孕育卵子的地方"。如果这个重要的器官出现了问题，会直接影响孕育新的生命。

卵泡的发育

卵泡的发育始于始基卵泡到初级卵泡的转化，始基卵泡可以在卵巢内处于休眠状态数十年，当始基卵泡进入生长轨道，其大小、结构及在卵巢皮质中的位置发生显著变化。始基卵泡发育远在月经周期起始之前，从始基卵泡至形成窦前卵泡需9个月以上的时间。从窦前卵泡发育到成熟卵泡经历持续生长期（1~4级卵泡）和指数生长期（5~8级卵泡），共需85天时间，实际上跨越了3个月经周期。而卵泡生长的最后阶段需15天左右，是月经周期的卵泡期。

卵巢周期

卵巢内有多种结构相互作用，维持妇女的生殖周期。因此，具有"盆腔钟"之称。根据卵巢结构功能的变化，分为卵泡期、排卵期、黄体期。

1.卵泡期：卵巢内一组窦状卵泡群脱离了静止的卵泡库，进入"生长发育轨道"，这个现象称为募集。约在周期第七天，在上述发育的卵泡群中，有1个卵泡优先发育成为优势卵泡；其余卵泡皆逐渐退化闭锁。

2.排卵期：黄体生成素、促卵泡素出现峰值是卵巢排卵必不可少的前提条件，一般出现在卵泡破裂前36小时。排卵多发生在下次月经来潮前14天左右，卵子可由两侧卵巢轮流排出，也可由一侧卵巢连续排出。

3.黄体期：黄体的功能主要是在黄体生成素的作用下，利用来自血运的低密度脂蛋白胆固醇，使子宫内膜转变为分泌期，为接纳孕卵着床及维持早期胚胎发育做准备。

卵巢分泌的激素对于孕育的作用

雌激素

卵巢是分泌雌激素的主要器官，胎盘和肾上腺也能分泌少量雌激素。

雌激素的主要功能如下：

1.对生殖器官的作用：雌激素具有促使青春期女子附属生殖器官——阴道、子宫、输卵管等发育成熟。雌激素可使阴道黏膜上皮细胞的糖原增加。雌激素可促进输卵管的蠕动，以利于受精卵向子宫内运行。在月经周期与妊娠期间，雌激素能促进子宫肌增厚，子宫内膜增殖，腺体增多变长。子宫颈腺体分泌增加，以利于精子的通过。它与孕激素相配合，调节正常月经周期及维持正常妊娠。

2.对副性征的影响：雌激素具有刺激并维持乳房发育、促使骨盆宽大、臀部肥厚、音调高、脂肪丰满和毛发分布等女性特征的作用。它还有维持性欲等功能。

孕激素

孕激素在卵巢内主要在黄体生成素的作用下由黄体产生，主要为孕酮。一般来说孕激素往往是在雌激素作用的基础上发生作用的。孕激素的主要功能如下：

1.对子宫的作用：使子宫内膜细胞体积进一步增大，糖原含量增加，分泌腺分泌含糖原的黏液进入分泌期，以利于受精卵的着床。孕酮还可降低子宫肌的兴奋性和对催产素的敏感性，使子宫安静，故有安胎作用。

2.对乳腺的作用：孕激素能促使乳腺腺泡进一步发育成熟，为怀孕后分泌乳汁准备条件。

健康卵巢对于受孕的重要性

卵巢就像女性体内的一座"小花园"，里面藏着有许许多多个"种子"，没有良好的气候和空气质量，"种子"是无法茁壮成长的。所以妈妈健康才能保证"种子"质量好。

卵巢分泌的雌激素和孕激素，是这些小"种子"最好的肥料。雌激素的主要作用是促进女性生殖器官的生长发育，促进女性第二性征的出现等；孕激素的主要作用是促进子宫内膜在雌激素作用的基础上继续生长发育，为受精卵着床在子宫里做准备。因此，只有适度地施肥浇水，"种子"才会更好地生长。

"种子"长大了、成熟了，终于有一天她离开了生养她的"花园"，到了另一个地方——输卵管里，等候着精子的到来。

那么，不健康的卵巢，确实会对健康孕育产生影响，但也并非是"致命"的打击，只要对病症有恰当的了解和准备，也可以有"好孕"。

疾病名称	症状	对怀孕的影响	孕前提示
卵巢囊肿	腹痛、尿频、腰疼、乏力、月经紊乱	不孕、流产、早产、难产	应该定期接受身体检查，尤其是妇科盆腔检查和B超检查
多囊卵巢综合征	月经失调、闭经、多毛、肥胖、不排卵	不孕	可以利用药物促排卵，然后采用人工授精、试管婴儿等技术帮助受孕
子宫内膜异位症	痛经	不孕、异位妊娠	平时应该注意杜绝月经期性生活、尽量避免人工流产，保持乐观开朗的心态，注意保暖，避免着凉
黄体功能不全	基础体温上升不到0.5℃，经期延长	不孕、早期流产、习惯性流产	在准备怀孕时，应该养成测量基础体温的好习惯

Ovarian Health

PART 2

红颜易老？美丽易逝？
这些变老的症状你有哪一种

肌肤干燥衰老，黯淡无光；身体的诸多部位脂肪堆积，局部肥胖；内分泌紊乱，更年期提前；夫妻生活质量下降，月经不正常……这些令女性担忧的衰老症状是不是已经找上了门？

生命如花，
别让卵巢早衰偷袭了你的青春

　　女性一生都在尝试着各种延长青春的方法，却往往忽视了自身延缓衰老的武器——卵巢。卵巢掌管着排卵和制造雌激素的双重任务，维持着人体骨骼、免疫、生殖、神经等几大系统的青春和活力，故被称为女性的"生命之源"和"青春动力"。在女婴刚刚出生时，卵巢内大约有200万个卵泡，但在女人一生中仅有400~500个卵泡发育成熟，其余的卵泡发育到一定程度即自行退化，等到绝经后卵巢内基本上就没有卵泡了。因此卵巢萎缩变小，从原来的"鹌鹑蛋"变成了"花生米"，这说明卵巢的基本功能停止了，女性的衰老期也就不可遏制地到来了。

　　卵巢衰退一般发生于45~55岁的女性，但如今卵巢衰退患者越来越年轻化，致使雌激素提早衰减，出现了一些本该更年期才有的代谢紊乱和衰老现象。

　　如果出现以下这些症状，就要开始警惕你的卵巢功能是否早衰了：

	卵巢早衰的表现
1	月经不调，阴道萎缩干涩，排卵率低，性生活障碍和性冷淡等。
2	潮热，易怒，抑郁，失眠等。
3	体形发胖，小腹臃肿，臀部下坠，水桶腰等。
4	皮肤、毛发干燥，失去弹性等，脱发，头发光泽减退。
5	容易感冒，感染或患慢性病等。
6	动脉粥样硬化，如心肌缺血，心肌梗死。
7	尿道萎缩，尿多，尿频，尿失禁等。
8	颈椎病、风湿病、关节炎、骨质疏松症等。
9	胃部不适，食欲减退，便秘等。

卵巢早衰会使女性内分泌功能失调，钙流失加速。这类女性通常伴有闭经或少经，其特点是卵巢对正常的促性腺激素不能做出正常反应，出现了体内促性腺激素水平很高，而卵巢产生的雌激素水平很低的现象。表现为阵阵潮热、易怒、多梦、闭经、阴道分泌物减少、外阴萎缩等症状。因此，一旦女性朋友出现了上述症状，一定要注意自己的卵巢是否出了问题，以便及时就诊，尽早治疗。

卵巢早衰大部分是不能恢复的。对于先天性的卵巢早衰，一般没有好的治疗方法，但我们可以通过身体的保养和调节来预防卵巢早衰。有规律的生活习惯可以增强女性对生活的信心，能缓解心理压力，并能提高人体免疫力，从而达到保护卵巢的目的。另外，平时注意保持心情愉快，学会排解不良情绪，也能防止卵巢早衰的发生。

卵巢年龄小测试

看看你的卵巢到底是几岁

① 你的皮肤是否出现枯黄现象？
   A、否　　　　B、偶尔　　　　C、一直是　　　　　　　　　　（　）

② 是否常感觉莫名潮热、脸红？
   A、否　　　　B、偶尔　　　　C、经常有　　　　　　　　　　（　）

③ 你的肌肤是否出现松弛现象？
   A、没有松弛现象　　B、局部松弛　　C、整体松弛　　　　　　（　）

④ 面部色斑、皱纹是否增多？
   A、否　　　　B、有一些　　　　C、比较多　　　　　　　　　（　）

⑤ 是否常感到疲劳乏力？
   A、否　　　　B、偶尔　　　　C、经常有　　　　　　　　　　（　）

⑥ 是否常感到头晕目眩？
   A、否　　　　B、偶尔　　　　C、经常有　　　　　　　　　　（　）

⑦ 是否常感到腰膝酸痛？
   A、否　　　　B、偶尔　　　　C、经常有　　　　　　　　　　（　）

⑧ 是否常感到胸闷、心慌？
   A、否　　　　B、偶尔　　　　C、经常有　　　　　　　　　　（　）

⑨ 是否经常失眠健忘？
   A、否　　　　B、偶尔有　　　　C、经常有　　　　　　　　　（　）

⑩ 是否出现白带异常？
   A、否　　　　B、偶尔　　　　C、一直是　　　　　　　　　　（　）

⑪ 是否总是月经不调？
   A、否　　　　B、偶尔　　　　C、一直是　　　　　　　　　　（　）

⑫ 是否经常发生经期紊乱？

    A、否   B、偶尔   C、一直是   （   ）

⑬ 是否出现阴道干涩？

    A、否   B、偶尔   C、经常会   （   ）

⑭ 是否患有妇科炎症？

    A、否   B、偶尔   C、经常发作   （   ）

⑮ 是否已感到性欲减退？

    A、否   B、偶尔   C、经常会   （   ）

⑯ 是否易无端发怒、呼吸急促？

    A、否   B、偶尔   C、经常有   （   ）

⑰ 是否常感到莫名的紧张不安或失落抑郁？

    A、否   B、偶尔   C、经常会   （   ）

⑱ 是否感觉尿急、尿频？

    A、否   B、偶   C、经常会   （   ）

⑲ 身材是否肥胖变形？

    A、否   B、局部是   C、整体是   （   ）

⑳ 是否出现骨质疏松？

    A、否   B、经常有   C、一直有   （   ）

测试分析

A为1分，B为2分，C为3分。请将你的得分相加：

总分低于24分： 卵巢年龄：自己的实际年龄（周岁）减2岁，卵巢处于年轻健康状态；

总分为24～28分： 卵巢年龄：等于自己的实际年龄，卵巢功能处于正常水平；

总分为29～34分： 卵巢年龄：自己实际年龄加2岁，卵巢功能开始处于衰退阶段，建议尽快为你的卵巢进行养护；

总分高于34分： 你的卵巢年龄已大大超过你的实际年龄，卵巢功能衰退比较严重，建议立刻加强对卵巢的养护。

大姨妈变得不靠谱

俗话说,月经是女性健康的"晴雨表""凡看妇人病,入门先问经"。现代快节奏社会,很多女性对痛经、闭经、经期提前或推后、经量过多或过少等月经不调问题不重视,特别是不少 20~40 岁的年轻女性对月经问题认识不足,认为不痛不痒,多吃点、吃好点就好了。殊不知,月经失调与卵巢功能有着密切的关系。

卵巢、垂体和下丘脑一起影响着月经

月经周期是由下丘脑、垂体和卵巢三者生殖激素之间的相互作用来调节的,在月经周期中出现下列的变化过程:

女性到达青春期后,在下丘脑促性腺激素释放激素的控制下,垂体前叶分泌促卵泡成熟素和少量黄体生成素促使卵巢内卵泡发育成熟,并开始分泌雌激素。在雌激素的作用下,子宫内膜发生增生性变化。

卵泡渐趋成熟,雌激素的分泌也逐渐增加,当达到一定浓度时,又通过对下丘脑、垂体的正反馈作用,促进垂体前叶增加促性腺激素的分泌,且以增加LH(黄体生成激素)分泌更为明显,形成黄体生成素释放高峰,引起成熟的卵泡排卵。

在黄体生成素的作用下,排卵后的卵泡形成黄体,并分泌雌激素和孕激素。此期子宫内膜，主要在孕激素的作用下，加速生长且机能分化，转变为分泌期内膜。

由于黄体分泌大量雌激素和孕激素，血中这两种激素浓度增加，通过负反馈作用抑制下丘脑和垂体，使垂体分泌的卵泡刺激素和黄体生成素减少，黄体随之萎缩因而孕激素和雌激素也迅速减少，子宫内膜骤然失去这两种性激素的支持，便剥脱、出血，内膜脱落而月经来潮。

月经异常与卵巢功能有关

一般情况下，女性的月经量及其周期是比较恒定的，如果出现了异常，就说明生殖系统有不正常的现象，这可能预示着身体的内分泌等方面出现了问题。

月经推迟或提前

如果你的月经迟迟不来（除怀孕外）或月经提前，很可能预示着卵巢功能失常，或激素分泌出了问题，例如泌乳激素过高、甲状腺素过高或过低都会抑制排卵。

月经量过多或过少

月经减少为卵巢早衰症状之一。卵巢早衰是指妇女青春期发育后若在40岁前发生闭经、卵巢萎缩、体内雌激素水平低落、促性腺激素水平高达绝经期水平的现象。发病机理为：染色体核型异常，卵泡生成障碍，自身免疫性卵巢衰竭，卵泡储备过少或耗竭过多。

月经量过多，则要小心骨盆腔的病变，除了有子宫肌瘤、子宫内膜异位的可能外，也别忽视子宫颈癌、子宫内膜癌的发病可能。

除周期、经血量的改变外，最可怕的莫过于非月经期间出血。如果出血是在周期中间，量少，并且两三天就结束，那可能是排卵期的出血。但如果是非月经期及排卵期的出血，也不是性行为之后的出血，你就要提高警觉了。因为怀孕、宫外孕、子宫颈息肉、子宫颈糜烂、子宫颈癌，以及卵巢瘤、子宫肿瘤等都可能造成异常出血。

月经周期紊乱

根据医学规定，每隔21~35天来一次月经，便算是正常和有规律性的经期。若少于或多于这个期限，如每14天或15天就来一次月经，或拖到40多天才来一次，那就属于不正常。正常的月经量应该少于80毫升。经期的长短往往因人而异，3~7天不等，一般平均5天结束。

表现为月经周期或出血量紊乱有以下几种情况：

1.不规则子宫出血：包括月经过多或持续时间过长，常见于子宫肌瘤、子宫内膜息肉、子宫内膜异位症等；月经过少，即经量少及经期短；月经频繁即月经间隔少于21天；月经周期延长即月经间隔长于35天。不规则子宫出血，可由各种原因引起，出血全无规律性。以上几种情况可由局部原因、内分泌原因或全身性疾病引起。

2.功能性子宫出血：指内外生殖器无明显器质性病变，而由内分泌系统失调所引起的子宫异常出血。是月经失调中最常见的一种，常见于青春期及更年期。

3.绝经后阴道出血：指月经停止6个月后的出血，常由恶性肿瘤、炎症等引起。

4.闭经：指从未来过月经或月经周期已经建立又停止3个周期以上者。

月经异常与卵巢功能有着非常大的联系。卵巢功能衰退会使雌激素缺乏以致促性腺激素水平升高，导致持续性闭经和性器官萎缩、不孕，给身心健康和生活带来极大危害。因此，对于月经不调的女性，一定要首先排除器质性病变。另外，要防止卵巢功能衰退。

近年来，卵巢早衰年龄呈现低龄化趋势。有少数十几岁的女孩就出现月经异常，有不少30多岁的女人就出现卵巢病变，严重危害女性健康甚至生殖能力，如出现卵巢囊肿、卵巢早衰、更年期提前，甚至可能会导致不孕。月经出现异常是生殖系统异常的表现，这可能预示着身体内分泌系统的异常。

所以，工作再忙也别轻视了"大姨妈"的变化，这是提示卵巢功能异常最早的信号。一旦发现月经的任何变化，都要引起重视，及时调整自己的生活起居、饮食习惯、行为和情绪，严重情况下一定要及时就医。

身材变了形，
前凸后翘已不见

因为骨骼与脂肪受到卵巢内分泌的直接调控，高胸、纤腰、翘臀，女性的玲珑曲线就是卵巢塑造出来的。当我们看到一个天使面孔、魔鬼身材的美女时，我们可以想象出她的卵巢有多么完美！

乳房松弛下垂，都是卵巢早衰惹的祸

有人形象地比喻：卵巢是根、雌激素是养分、乳房是果。所以，卵巢保养得好，促进生殖和机体健康，调节并分泌雌性激素，提高两性生活质量。卵巢健康可使女性胸部丰满、紧实、圆润。

卵巢功能是影响女性乳房大小、丰挺程度的最根本制约因素，它控制着乳房发育、维持乳房丰满、坚挺、美观所需的雌激素、孕激素、生长因子等的分泌和合成。

也就是说，卵巢功能好的女性其乳房也会丰满坚挺，而卵巢功能失调的女性就会出现乳房体积小、乳房组织下垂、乳房皮肤粗糙等问题。卵巢分泌的雌激素能够滋润皮肤、滋养头发，并促使乳房发育增大，让女性拥有完美的"S"形曲线。

随着年龄的增长，卵巢的机能在衰退老化，其所分泌的雌激素也在逐渐减少，这种变化阻碍了乳腺的发育。同时，现代女性忙于工作、家庭，需要面临前所未有的紧张、压力和劳碌，再加上不懂得及时地、科学地保养好自己的卵巢，也会导致卵巢失养、功能减退，导致雌激素减少。所以，要从根本上解决乳房问题，实现乳房二次自然发育，保持乳房丰挺饱满，就得在补充乳房营养、修复乳房损伤的同时，全面激活女性卵巢功能。

不明原因的消瘦，当心卵巢癌

卵巢癌的发病率居妇科肿瘤第三位，其发病率仅低于宫颈癌、乳腺癌。由于卵巢癌生长部位隐蔽，早期病变不易被发现，大多数（约70%以上）初诊患者已有盆腔或腹腔转移，这也是卵巢癌死亡率高居不下的主要原因。

卵巢癌早期症状表现为日益消瘦。由于卵巢癌逐渐长大，可机械性压迫胃肠道，引起患者腹胀、胃纳不佳、食量逐渐减少而日渐消瘦。除此之外，癌细胞也会大量消耗人体养分，使得患者日益消瘦、贫血乏力，面色无华。

卵巢癌的早期症状还表现在：

月经改变

大约1/2卵巢癌患者月经不正常，阴道有不规则出血。临床还发现卵巢功能不全者，如月经初潮推迟、绝经期提前、痛经，独身、不育或有卵巢癌家族史的人群易患本病。

腹胀、腹部肿物

早期患者首发症状常常表现在胃肠道，患者常常会出现腹胀等症状，若腹水出现，腹胀的症状则更加明显。因此，女性（尤其是更年期）有不明显原因腹胀的时候，应该立即去医院进行妇科检查。

如果在早晨醒来膀胱充盈的时候发现下腹部有肿物，而且肿物长势迅速，应该高度怀疑为本病。但当肿物较小时（小于或等于7厘米）自己往往摸不到，必须要依靠B超检查才能发现。若卵巢癌肿物5厘米左右者，需定期进行妇科防癌检查，密切观察。

腹痛、腰痛

卵巢癌浸润或者与邻近组织发生粘连，压迫神经，常会感到腹痛、腰痛，其痛感由隐隐作痛到钝痛，甚至会出现较为剧烈的疼痛。

下肢及阴部水肿

较大的盆腔肿物可压迫盆腔静脉，影响淋巴回流，患者会出现下肢、阴部水肿，并伴有尿频、尿急、下腹坠胀等一系列的症状。此时应想到卵巢癌作祟。

突然发胖，提防多囊卵巢综合征

多囊卵巢综合征的主要表现有月经失调、不孕、多毛和肥胖等。得病者大多为年轻女性，以22~31岁最常见。多囊卵巢综合征的患者一半以上有某种程度的肥胖，如果检查性激素水平更可以发现雄激素和黄体生成素有所上升，并且性激素比例失常。

肥胖让女性向卵巢癌越走越近

在美国，每年大约有14000人死于卵巢癌，这是全美第五大高发癌症。科学家们在减少患癌风险的研究中发现，体重可能是导致女性患癌风险增高的罪魁祸首。美国癌症研究所和世界癌症研究基金会发布的报告称，女性的体重与卵巢癌有着密不可分的联系，女性的体重指数（BMI）越大，其患卵巢癌的风险就越大，BMI每增加5个百分点，患卵巢癌的风险就增加6%。该报告的作者新泽西州癌症研究所班德拉博士认为，饮食、体重和活动情况都与卵巢癌的发生有关。

这个重要的发现让女性有了降低患卵巢癌几率的可能，或许未来还会出现更多的预防措施。现在可以肯定地告诉女性朋友，保持正常的体重是防治卵巢癌最好的方法。

补充阅读：

体重指数（BMI），又称为身体质量指数，是用体重千克数除以身高米数平方得出的数字，是衡量人体身高体重是否正常、身体是否健康的重要指标，也是惯用的衡量胖瘦程度的指标。BMI指数在25~30之间通常被认为是超重，超过30则被认为是肥胖。

减肥不当会对卵巢造成伤害

1.极端的减肥方式：不少女性恐惧肥胖问题，会通过极端的减肥方法来控制身形，如绝食减肥、单一饮食减肥等方法，这些方法大多以单一饮食或者不吃淀粉类主食的方法，很容易导致营养不良、内分泌紊乱，引发卵巢萎缩、功能减退。

2.穿塑身衣：平时不少女性为了保持最佳身材，会选择穿着塑身内衣，但是塑身内衣的压迫，很容易导致卵巢发育受限，功能受损，使卵巢发生早衰现象。因此，日常着装应该以宽松舒服为主，不宜穿着对人体压迫比较大的塑身内衣。

脾气很见长，
"女神"变成"女神经"

每个女人应该都有过这样的体验，临近月经期的前几日，总会觉得心烦、易怒，像变了个人似的。这与体内激素水平发生变化，内分泌失调有关。生殖系统健康的状态下，尚有许多因素导致情绪波动，更何况是卵巢出现问题呢。卵巢出现问题更是会引起女性情绪低落、烦躁、抑郁等状况，平时优雅、从容的"女神"，就这样堕落成人人敬而远之的"女神经"了。

卵巢激素对情绪的影响

从抑郁症的精神病理学来看，女性抑郁失调的发生率明显高于男性。进一步研究发现，抑郁症通常发生在女性育龄阶段，尤其是卵巢激素起伏最大的青春期。女性在妊娠期、分娩期和更年期这三个时期情绪变化比较大。这三个时期都伴随着卵巢激素的剧增或骤降。

雌激素对人类认知、情绪等其他广泛的非语言行为能够产生极为重要的影响，甚至导致脑的可塑性和功能性的变化。除了雌激素外，孕激素的作用也不容忽视。孕激素分泌增多一般在月经周期的黄体阶段，以及怀孕期。

精神压力大、爱发脾气，"吓坏"了卵巢、扰乱了内分泌

现如今，随着生活节奏的加快，大多数的现代女性无论是在工作上还是在生活上都颇有压力，而这种压力往往易导致情绪上的波动，内心的烦躁与焦虑得不到有效的宣泄，长期郁积于心，则可导致肝郁气滞。从中医理论来说，肝郁气滞，横逆犯脾，脾失健运，聚湿成痰，则痰湿壅遏胞脉，就可导致不孕的发生。

另外，长期承受高度的精神压力、过重的思想负担，会影响卵巢的正常功能，使其无法正常排卵或分泌性激素，扰乱原本正常的内分泌平衡，引起月经紊乱、闭经、莫名潮热、失眠多梦、肌肤粗糙等症状，从而导致女性不孕的发生。

所以，爱生气的女人较容易出现不孕。提醒广大女性朋友，尽量保持乐观的心态、愉快的心情，学会通过锻炼、看书、散步等方式来排泄心中的压力及不良情绪。

关爱卵巢，从调节情绪开始

卵巢早衰与女性的饮食起居、避孕、情绪调节等有密切关系，因此，预防胜于治疗。

1.坚持喝牛奶，多吃鱼、虾及新鲜的水果和蔬菜，保持大量维生素E、维生素B₂的吸收，像莲子、黑木耳等都是很

好的进补食物。少吃油炸食品，忌过多饮用咖啡、浓茶及酒类制品。

2.保持良好睡眠以延缓卵巢早衰。临床发现一些女性长期睡眠不足，在不知不觉中透支了自己的健康。

3.掌握避孕方法，减少人工流产。如果反复多次人工流产，一次次扰乱正常的内分泌系统，会对卵巢造成看不见的损伤，渐渐地使其功能衰退。

4.重视月经的改变以及卵巢早衰先兆。如出现月经量少、月经周期紊乱、闭经等情况，要及时检查就医。

5.学会调节情绪，防止不良情绪干扰女性内分泌功能和免疫系统，改善机体的抗病能力。维持和谐的性生活，可增强对生活的信心，保持精神愉快，消除孤独感，缓解心理压力，提高人体免疫功能。

6.科学减肥。长期营养不足、缺乏蛋白质的人，会使脑垂体功能衰退，促性腺激素分泌不足，其结果使卵巢等生殖器官萎缩，功能减退。女性体内保持足够的脂肪，月经周期才能正常。过度减肥，会造成内分泌紊乱，出现月经紊乱或过早绝经，甚至卵巢排卵障碍而致不孕。

生活没了"性趣"

年纪轻轻，却性交困难，除了因工作压力和情绪低落带来的影响外，女性千万不要忽视了身体内最重要的性器官——卵巢对"性趣"的影响。同时，"性趣"低也是卵巢可能发生某类疾病的信号之一。

性交困难慎防卵巢早衰

卵巢早衰是指已建立规律月经的女性，由于卵巢功能衰退而在40岁以前出现持续性闭经和性器官萎缩，常有促性腺激素水平的上升和雌激素水平的下降，临床表现伴见不同程度的潮热多汗、阴道干涩、性交困难等绝经前后症状，使患者未老先衰，给其身心健康和夫妻生活带来极大痛苦。

据统计，卵巢早衰的发病率在一般人群中为1%~3%，近年来有上升的趋势。西医认为其病因及发病机制尚不清楚，治疗极为困难，目前主要采用的激素替代疗法疗效不理想，且有明显的副作用。如何发挥中医药防治卵巢早衰的作用，是目前临床亟待研究的重要课题。

中医虽无"卵巢早衰"之病名，但其相似证治散见于月经过少、月经后期、闭经、血枯、年未老经水断、不孕等病之中。患者未老先衰，给夫妻生活带来莫大的难言之苦。

卵巢囊肿对性生活的影响

卵巢囊肿对性生活的影响是女性特别关心的一个问题。随着社会的发展，卵巢囊肿的发病率也在不断上升。因此，对女性的生活和身体健康的影响不断加大。

卵巢囊肿是女性生殖器常见肿瘤，按常理来讲对性生活没有太大影响，但是也要尽量避免。因为如果性生活过度可能会引起许多并发症，比如卵巢囊肿破裂、阴道出血、经期延长、腹痛加重、癌变的可能等，因此在未治愈时，女性朋友应该要节制性生活，避免性生活过度而引起其他不良后果。

卵巢切除对性欲的影响

卵巢切除令很多女性担心是否影响生育、性生活，是否会出现越来越男性化等情况，这些情况要根据切除情况而定；女性性欲受神经、心理、性幻想、性经验等诸多方面的影响，缺乏雌激素不会直接影响性欲，但可能会出现阴道干涩的情况，影响夫妻正常的性生活。女性不必担心切除卵巢后自己会变成"女汉子"。

卵巢是卵细胞的生命之源，而卵细胞又是孕育生命所必需的。卵巢切除之后是否等于无法生育，这并不能一概而论。女性的卵巢是双侧的，一般来说，如果一侧卵巢被切除，另一侧卵巢保留，且仍具有良好的功能，那么剩下的一侧卵巢完全可以代偿，并不影响生育。若一侧卵巢全切除，另一侧部分切除，此时的卵巢仍具有较大的代偿能力，残缺的卵巢仍能排出卵细胞，所以仍有生育的可能。当然，如果两侧卵巢全部切除，那么卵细胞也就无处可寻，生育自然无望。

除了卵细胞，卵巢毕竟还是雌激素的源泉，有患者担心，若是切除双侧卵巢，自己会不会因为失去雌激素的庇护而变身"女汉子"？必须承认，女性的性征发育完全依赖于卵巢所分泌的雌激素。然而，发育期过后，女性的性征已经具备，雌激素只起到维持女性性征的作用而已，需求量很少，且肾上腺素完全有能力取代卵巢激素。即使两侧卵巢全部切除，也不会影响女性的性征、容貌及体型。

有成年女性因卵巢肿瘤或其他疾患而必须切除两侧卵巢时，担心卵巢切除以后会影响性欲。实际上，女性卵巢所产生的雌激素是促使女子性征发育的保证，但一旦发育成熟以后，其性欲的产生和维持除与性激素有密切关系外，还有赖于思维、情感及对性敏感部位的刺激等方面。女性需要担心的是由于雌激素缺乏，性生活中可能会有阴道干涩的感觉，这时可补充少量雌激素，缓解干涩症状。

其他影响女性性功能的常见因素

吸烟

如今很多的女性也在吸烟，烟草中的尼古丁，对于女性的性功能有一定的影响，主要是尼古丁会引起动脉收缩，从而减少流向阴道的血液流量。而生殖器官由于血流量的减少，从而变得不敏感，这样就会导致女性性高潮出现障碍。

洁癖

有洁癖的人在生活中是很常见的，有的女孩在来月经期间，由于想掩盖生理期的特殊气味，会选择带香味的卫生巾，或者过度清洗阴部，殊不知，这会破坏阴道内自然的酸碱环境，从而造成阴部不适，影响性功能。

服用避孕药

现在很多女孩子在避孕的问题上很不了解避孕药的利弊，在生活中，也多会选择避孕药作为避孕的方式，但是这种药物会打破人体正常的激素平衡，影响了雄性、雌性激素的分泌，这会减少阴道润滑液分泌，影响性功能。

暴饮暴食

很多女性在平时的生活中，难免会出现暴饮暴食的情况，这种饮食紊乱，往往会造成性欲异常，直接影响女性的性欲望，甚至性能力。

Ovarian Health

PART 3

这样养卵巢，封存时光，
让你一直美下去

卵巢是女性青春的策源地，是女性的"秘密花园"，女人就是园丁，假若经常为花园浇水、松土、施肥锄草，自然会是姹紫嫣红，一片生机。

这样的错误别再犯，
其实卵巢很受伤

每天饮用大量咖啡

近年来，饮用咖啡的人日趋增加，尤其是生活比较忙碌紧张的人，由于工作和社交的需要，常常饮用咖啡，甚至已经习惯天天喝咖啡。带有浓浓香味的咖啡成了他们闲暇时或者工作劳累时的伙伴。

但是，医学界认为，女性不宜过多饮用咖啡。长期大量饮用咖啡会对女性健康造成很坏的影响。女性过多地饮用咖啡不仅容易引起骨质疏松或者高血压，还会影响女性卵巢健康。

美国的一项调查结果显示，未育女性每天过度饮用咖啡，可能会降低日后受孕的机会。平均每天喝咖啡超过3杯的年轻女性，其受孕概率要比从不喝咖啡的女性降低27%；每天喝2杯咖啡的年轻女性的受孕概率比不喝咖啡的女性低10%左右。这是因为咖啡中的咖啡因会导致雌激素分泌减少，体内雌激素水平的降低，就有可能对卵巢的排卵功能造成不利影响，使得受孕概率降低。经常饮用咖啡的女性可能会莫名其妙地生气、发火，甚至有难以入睡、心跳加速等不适症状，到医院检查却找不出任何异常……这种"浑身上下的不舒服"其实正是由于咖啡因使得雌激素下降导致的自主神经紊乱的表现。

女性饮用过多的咖啡，会影响卵巢分泌雌激素，引起失眠、心跳加速等一系列症状。

因此，建议女性最好不要常喝咖啡，特别是不要喝大量咖啡，非要饮用的话，每日不宜超过2杯。

很少吃豆类食品

大豆不仅含有丰富的蛋白质，而且含有大豆异黄酮、大豆磷脂、大豆皂苷、大豆低聚糖、大豆膳食纤维、维生素E及水解后的大豆肽等多种物质，它们都具有特殊的生理功能，能延缓衰老、改善肠胃功能、降血压和血脂。

大豆对女性健康的影响主要取决于所含的大豆异黄酮成分。大豆异黄酮是一种植物性雌激素，能延迟女性细胞衰老，保持皮肤弹性，养颜，减少钙流失，减轻女性更年期综合征症状等。

医学研究表明：已经进入中年期的女性，每天摄入50毫克以上的大豆异黄酮，能有效延缓衰老，改善更年期症状。

对高雌激素水平者来说，大豆异黄酮则表现为抗雌激素活性，可预防乳腺癌、子宫内膜癌等。

黑豆是万豆之王，相比其他含植物雌激素的豆类，黑豆无疑是含量最高的，长期坚持饮用黑豆豆浆，是非常安全的补充植物性雌激素的方法，对子宫和卵巢保养有很好的疗效。

过量食用乳制品

乳制品是日常饮食中钙的重要来源。富含钙的乳制品，可强健骨骼，防止骨质疏松，过量食用乳制品却是有害无益。尤其是女性，过量食用乳制品会增加卵巢癌的发病风险。

瑞典相关机构对18万女性的健康数据信息进行了分析，发现卵巢癌的发病风险与牛奶、乳制品和乳糖摄入量之间存在一定的联系。调查对象中，食用全脂乳制品最多的女性，其卵巢癌的发病率比摄入量最少的女性高27%。这一结果表明过量摄入乳制品可能诱发卵巢癌。

过量食用乳制品会增加卵巢癌风险的原因还不得而知，但有个理论认为，乳制品的乳糖可能会过分增加体内激素的分泌，导致肿瘤的生长。因此，为了饮食平衡最好是多吃新鲜蔬菜和水果。

过度服用减肥药

一些女性常年把减肥挂在嘴边，把减肥作为头等大事，热衷尝试各种减肥方法，甚至购买各种减肥药。而不恰当的减肥方法，尤其是服用减肥药，很多时候是以牺牲自己的健康为代价的。"是药三分毒"，减肥药品也是如此。长期服用减肥药品，会给女性的健康带来很大的伤害。

一位25岁的年轻女性因为月经不调而到医院就诊，医生在检查的时候发现，她的卵巢功能已经严重衰退，而且衰老的程度犹如60岁左右绝经期的女性。原来这位女性因为体形较胖，曾长期服用减肥药试图达到瘦身的目的，直至出现月经不调症状的时候才停止服用。这位女性的主治医生高度怀疑过度的减肥是造成其卵巢早衰的重要因素。

过度服用减肥药会严重扰乱女性的内分泌平衡。参与分泌的任何相关器官的任何环节功能失调都会导致各种激素的分泌及相互调节异常，将抑制脑垂体及卵巢功能，使雌激素、孕激素的分泌减少，最终引起排卵的异常，这种现象即内分泌紊乱，继而导致卵巢早衰。

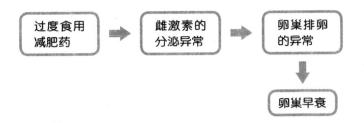

过度食用减肥药 → 雌激素的分泌异常 → 卵巢排卵的异常 → 卵巢早衰

卵巢早衰一旦发展到闭经阶段，不仅可造成不孕，还可使患者出现骨质疏松、脂质代谢紊乱等疾病，因此想要减肥的女性必须予以重视。

☕ 温馨小提示

减肥一定要选择健康科学的减肥方法，这样不仅有益于健康，也可以很好地保护卵巢。

1. 一定要吃早饭，中午要吃饱，晚上可以吃少。

2. 能走路就不要坐车，能跑就不要走。应该多运动，比如跳绳、爬楼梯、做健身操。

3. 平时多喝水。清早起床在早餐前先喝一杯淡盐水，有助于肠蠕动，帮肠胃来一次大扫除。

4. 营养均衡、控制热量。少吃油腻的东西，多吃些富含膳食纤维的水果、蔬菜，吃些热量低的主食。

5. 每天保证 8 小时的睡眠。

经常久坐不动

朱莉是一家公司的文职工作人员，结婚3年未孕，一直忙于工作也没在意。后来，在网上看到"久坐可导致卵巢缺氧引起不孕"的消息后，非常害怕。因为她在上班的时间内，除了去茶水间和卫生间之外，几乎都是端坐在电脑前。于是到医院就诊，通过医生的询问和检查，不孕症的原因果然是久坐造成的卵巢缺血、缺氧，使得卵巢早衰所致。

据临床统计，10%左右的育龄女性患有不孕症，尤其是长期在办公室上班的女性。

久坐坏处1：肥胖

久坐不动导致卵巢缺氧，缺少锻炼使病菌侵袭，致妇科炎症增多，也会容易引起营养不均衡和肥胖。尤其对于

那些本身就有子宫过度前倾或者后倾问题的人来说，久坐还会导致经血逆流入卵巢，引起下腹痛等问题。

久坐坏处2：妇科疾病

长时间坐着工作的女性，由于长期维持一个姿势，盆腔非常容易充血，进而会导致子宫附件和宫颈部位的血液循环受阻。此外，长时间坐着会造成阴部透气不良，这两方面的因素综合起来就比较容易发生感染，导致宫颈炎、宫颈糜烂、宫颈肥大、宫颈息肉等。

而且，由于宫颈神经由内脏神经系统进行支配，因此对疼痛的敏感性非常低，所以发生炎症等不适后，女性自身往往不易及时察觉，导致耽误病情。

久坐坏处3：月经不调

长时间坐着，还会导致在经期瘀血不能很顺畅地流出，反而逆流，如果月经期脱落的子宫内膜碎片，随经血逆流"种植"在卵巢表面或盆腔其他部位，形成巧克力囊肿也就是子宫内膜异位症。发生巧克力囊肿后就会伴有痛经、经血量的改变、性交痛和不孕等症状，部分女性可出现月经紊乱。

久坐坏处4：不孕

久坐不动很容易导致女性盆腔淋巴及气血循环障碍，影响女性正常排卵，甚至导致输卵管不通。这些久坐带来的危害，都有可能会引起育龄女性发生卵巢性不孕。

现代办公室女性，上班时间多是处于坐的状态，同时又缺乏锻炼，导致气血循环障碍，痛经加重；气滞血瘀导致输卵管不通；某些女性又因久坐及体质上的关系，易形成子宫内膜异位症。这些都是不孕的原因。

要改善这种状况，建议所有久坐的女性每次连续坐着工作的时间最好不要超过2小时，每隔2小时进行一次约10分钟的运动，可借着发传真、复印文件的机会走动一下，运动一下颈、腰、腿。每天至少活动30分钟，这也是女性保养身体不可缺少的。另外，坐公共汽车上下班时提前两站下车步行；上楼时不乘电梯，走楼梯；在电视播放广告时，站起来走动一下。当然，能做到每周抽出时间来参加体育锻炼更好。给身体器官，尤其是盆腔里的卵巢一个轻松的"呼吸"空间，像照料婴儿一样呵护她，像对待朋友一样善待她，相信卵巢一定会还你青春的容颜。

女士在乘坐公交车或地铁时，可提前一会儿站起来做做运动，这样能够起到保养卵巢的作用。

不当的运动

美国一项名为"爱荷华女性健康研究"对4万多名55~69岁的女性进行的15年跟踪研究结果显示，频繁进行剧烈的身体活动会增加更年期后女性患卵巢癌的危险。活动量最大的女性患卵巢癌的危险比活动量最小的女性高42%。每周参加4次以上的剧烈运动会使患病概率增加一倍以上。由此可见，适度运动对健康有益，但是运动过度对女性的健康不仅没有好处，还会招来妇科疾病。

剧烈运动易致卵巢破裂

剧烈活动、抓举重物、腹部挤压、碰撞等都可引起卵巢破裂，从而出现下腹部疼痛，甚至波及全腹。卵巢破裂一般发生在月经周期第10~18天，其中80%的黄体或黄体囊肿破裂，腹腔穿刺有血。

剧烈运动易导致卵巢囊肿

虽然大多数的卵巢囊肿是由于卵巢的正常功能发生了改变而引起的，属于良性，但是如果囊肿性质发生恶变，就成了卵巢癌。经期剧烈运动有可能使经血从子宫腔逆流入盆腔，随经血内流的子宫内膜碎屑有可能"种植"在卵巢上，形成囊肿。这时患者常出现渐进性加剧的痛经，甚至还会引起不孕。

剧烈运动易导致月经异常

从事较大运动量的少女，月经异常者占相当大的比例，多表现为月经初潮延迟、周期不规则、继发性闭经等，且运动量越大初潮年龄越晚。其原因主要是由于剧烈运动会抑制下丘脑功能，造成内分泌系统功能异常，影响体内性激素（包括卵巢分泌的雌激素）的正常水平，从而干扰了正常月经的形成和周期。

剧烈运动易导致不孕

挪威科技大学的研究人员从1984年开始，对3000名女性进行了长达10年的问卷调查。结果发现，在这些女性当中，有两种人特别容易面临不孕风险。一种是几乎每天都不进行运动的人，另一种则是在健身、运动时总喜欢耗尽所有体力，把自己累得疲惫不堪的人。调查结果还显示，过度运动的人要比适当运动的人罹患不孕症的几率高3倍之多。

因此，作为女人，一定要注意保护自己的身体，运动也要科学合理，千万不要做过量运动而伤害到卵巢，从而引起不必要的麻烦。

没我跑得快吧！

过激性行为

在妇产科门诊中，平均每周都会发现女性因为卵巢破裂而引起的严重腹痛及大量内出血，而这些女性几乎都是在性行为后才出现这种状况的，如果不马上进行腹腔镜手术止血，很可能会有生命危险。

激烈的性行为是造成女性卵巢破裂的原因之一，并且多发生于20～40岁性行为活跃的女性身上。

卵巢是女性重要的生育器官之一，卵巢内的成熟卵泡或黄体由于某种原因引起卵泡壁破损、出血甚至大量腹腔内出血，即为卵巢破裂，有卵泡破裂及黄体或黄体囊肿破裂两种。已婚、未婚女性均可发生，育龄期的女性最为多见。

卵巢破裂时间与月经周期有一定关系。卵巢破裂，80%左右是黄体或黄体囊肿破裂，因而一般在排卵期后，大多在月经周期最后一周，偶可在月经期第一天或第二天发生。少数为卵泡破裂，常发生于成熟卵泡，因而一般发生在月经周期的第10～18天。因此，在这几个特殊的时期，女性朋友一定要更关爱自己的身体，不要为了一时的刺激而殃及自己的身体。

长期精神压抑

卵巢是女性的"抗衰老中心"，其所分泌出来的20多种激素和生长因子是保证人体几大系统和多个部位功能正常的重要物质。一旦卵巢早衰，就会导致人体其他部位迅速衰老，也会相应出现各种病症。

卵巢功能早衰的特点是卵巢对正常水平的促性腺激素不能做出正常反应，出现了体内促性腺激素水平很高，而卵巢产生的雌激素水平很低的现象，进而导致闭经、少经情况的出现。

卵巢能分泌大量的雌激素，有美容养颜的功效。

长期精神压力较大导致的卵巢早衰已经成为近年来女性常见病之一。究其原因就在于她们承受着来自生活和工作的巨大压力，精神长期处于一种高度紧张的状态。心理压力过大的女性很容易提早出现隐形更年期的症状。据一份问卷调查资料显示，在30多岁的白领女性中，有27%的人存在着不同程度的隐形更年期现象。她们自诉身心疲怠、体重攀升、烦躁、失眠、皮肤干燥、发色枯黄、月经紊乱等，有时还会厌倦工作，莫名其妙地病一场，虽然服用了大量保健品也无济于事，严重影响了自己与家人的生活与工作。

在这里要提醒忙于工作和学习的女性，在忙碌的同时要适当地给自己减减压，缓解一下紧张的情绪，消除源于工作和生活的忧郁和恐惧。此外，还可以多吃一些瓜果蔬菜，进行适度的体育锻炼，给卵巢以健康的呵护，放缓卵巢衰老的速度。同时，还要及时关注自身卵巢功能变化，及早进行诊治，使卵巢功能衰退放慢脚步。

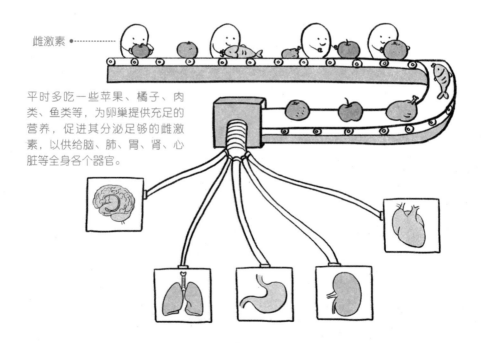

雌激素

平时多吃一些苹果、橘子、肉类、鱼类等，为卵巢提供充足的营养，促进其分泌足够的雌激素，以供给脑、肺、胃、肾、心脏等全身各个器官。

长期吸烟酗酒

随着时代的变迁，人们的审美观念也不断地变化，吸烟逐渐成为一些女性心目中前卫的标志，但我们不得不说，这实在是一个"美丽的误区"。医学研究表明，女性吸烟对自身的危害特别大。

研究表明，吸烟是卵巢衰竭的危险因素之一，会让女性提前1~3年进入绝经期。烟尘中的某些成分会对卵泡造成伤害，导致卵泡提前消失。香烟中的尼古丁会导致一系列内分泌功能的失调，进而影响女性的排卵周期。一旦排卵周期被打乱，就可能出现月经不规律，随之会使孕激素分泌不平衡。而一些女性高发肿瘤，都与雌激素、孕激素的分泌异常有着密切关系。吸烟会使生育能力下降，更易患不孕症。每天吸烟12支以上的孕妇，其流产率比不吸烟孕妇高一倍以上，早产发生率高两倍。吸烟还会使女性的皮肤过早衰老，失去弹性。吸烟时间长、吸烟量大者，嘴唇和眼角会出现皱纹，牙齿发黄，皮肤粗糙。

另外，值得我们注意的是，被动吸入二手烟的女性所受到的伤害不亚于主动吸烟的危害。研究显示，57%的15岁以上女性和60%以上的育龄女性每天都在被动吸烟。在被动吸烟的女性中，71%是在家里，25%在工作场所，33%在公共场所被动吸烟。特别是一些特殊行业，如在餐厅、酒吧工作的女性，几乎100%在其工作场所被动吸烟。

除了吸烟，过量饮酒也会导致卵巢早衰。酒精对女性的卵巢影响极大，其卵巢会因酒精中毒而逐渐萎缩，绝经期会明显提前，甚至会减少寿命。经常酗酒的女性表现为性欲不强、性高潮障碍、性交时疼痛和阴道痉挛等症状。

女性饮酒过量会妨碍卵子的发育和成熟。长期嗜酒可能导致女性性特征减弱、卵巢萎缩，甚至会导致不孕和胎儿畸形。

因此，常吸烟、喝酒的女性想要避免卵巢早衰，就必须戒烟、戒酒，坚持科学的生活方式，要注意在公共场所、家庭中避免被动吸烟，还要注意调整休息时间，不熬夜，保持良好的生活习惯。如果是出于应酬和工作压力而抽烟喝酒的女性，就要定期体检，在体检时，最好做一个卵泡期性激素三项的检查，这样就可以比较清楚自己卵巢的情况。

经常服用避孕药

现在市场上的避孕药主要有短效、长效和紧急三种，其中短效的避孕药不良反应最小，而紧急避孕药的一次药量，相当于常规避孕药的8天的剂量。滥用和长期服用避孕药的严重性很多女性都没有意识到。

紧急避孕药因其使用方便而成为很多女性的首选避孕药。但是紧急避孕药是在无保护性措施下偶尔可以采用的紧急避孕方法，绝不可作为一种常规的避孕方法。不少人把紧急避孕药作为常规避孕药服用，在一个月内多次重复使用，这种做法不仅会使避孕失败，还会给身体带来极大的伤害。轻者会引起内分泌紊乱、月经失调，重者可能会对卵巢等生殖器官造成不可挽回的功能性伤害，导致习惯性流产、胎儿发育异常、不孕症、卵巢囊肿等。因此，女

紧急避孕药会导致内分泌紊乱、月经失调、习惯性流产、不孕症、卵巢囊肿等。

性在选择避孕药时一定要谨慎，必要时，一年内吃紧急避孕药不要超过3次，至多一个月不要超过1次。

长效避孕药也不能长期服用，女性在服用长效避孕药期间会有恶心、呕吐等类似早孕的反应，阴道分泌物也会增多。有些女性服用长效避孕药后还会出现月经量增加和经期延长的现象，严重者甚至会导致闭经。长期服用长效避孕药，卵巢自身分泌的激素被口服的避孕药替代，卵巢功能长期处于一种被抑制的状态，不再排卵，这就在很大程度上影响了卵巢的正常功能，很容易出现卵巢早衰。

因此，为了保养好卵巢，避免卵巢受到伤害而衰老，对于女性而言，紧急避孕药和长效避孕药不能作为常规避孕方式，在可能的情况下，尽量使用安全套。若要服用避孕药也应选择不良反应最小的短效药物，并且服用时间不宜超过一年，最好3~6个月之内就改换其他避孕措施，否则，还是会引起卵巢内分泌功能紊乱而导致闭经或不排卵。尤其是本来月经就不规律的女性，更是要避免滥用紧急避孕药以及长期服用长效避孕药，因为这可能会导致内分泌失调、多囊卵巢综合征甚至不孕的严重后果。

过度节食减肥

爱美之心人皆有之，每个女孩都希望自己拥有窈窕的身姿。现在很多女性为追求形体美而盲目地用各种方法减肥，其中最常用的方法就是节食。然而，节食对女性健康的危害相当大，千万不可忽视！

过度节食减肥，导致体内脂肪含量急剧降低，而脂肪是合成雌激素的主要原料，一旦体内脂肪不足，就会导致雌激素分泌不足，雌激素减少又会引起月经紊乱，甚至出现闭经，而非正常闭经又会抑制卵巢的排卵功能，容易造成卵巢功能早衰，若治疗不及时，甚至会造成不孕。卵巢早衰又会加重月经紊乱，如此形成恶性循环。

对于青春期的女孩来说，过度节食减肥会给发育中的身体带来十分不利的影响。由于青春期身体处于生长发育高峰期，如果此时控制饮食，就会使各种营养物质的摄入

量减少，满足不了身体生长发育的需求，继而影响到组织器官的发育。同时也会导致机体抵抗力下降，容易导致各种疾病。

与节食相比，锻炼是一种更有效的减肥手段。对于女性来说，瑜伽减肥是最好的减肥方法，练习瑜伽可增加身体的柔韧性及灵活性，有助于修饰身材曲线，从而达到减肥、瘦身、塑体的效果。通过瑜伽特殊的锻炼动作，还可以预防卵巢衰老，配以特殊的呼吸方式，可以疏通女性生殖器官的气血循环，调整激素的分泌。对月经不调、输卵管不通、盆腔炎等有很好的效果。同时，瑜伽还可以加强人体的肾脏功能，恢复女性

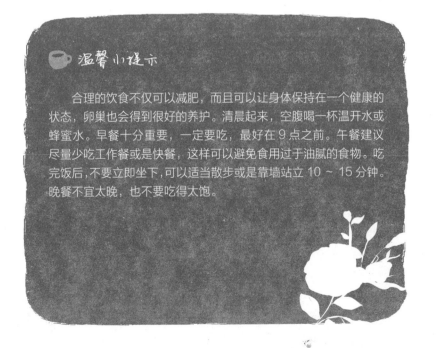

☕ 温馨小提示

合理的饮食不仅可以减肥，而且可以让身体保持在一个健康的状态，卵巢也会得到很好的养护。清晨起来，空腹喝一杯温开水或蜂蜜水。早餐十分重要，一定要吃，最好在 9 点之前。午餐建议尽量少吃工作餐或是快餐，这样可以避免食用过于油腻的食物。吃完饭后，不要立即坐下，可以适当散步或是靠墙站立 10 ~ 15 分钟。晚餐不宜太晚，也不要吃得太饱。

因流产或生产后丧失的"元气"，使女性由内而外地散发一种青春的气息，延缓衰老。通过瑜伽来温补子宫，改善卵巢功能失调引起的各种皮肤问题，从而达到驻颜美容的目的。当然，定时性地练习瑜伽，更有利于身体的各项生理平衡，从而达到调节内分泌的作用。

卵巢癌不同时期的症状表现

早期症状

肿瘤较小时无明显症状。

中晚期症状

下腹不适——自觉腹部迅速膨大，坠胀。

肿块——自行发现下腹部肿块。

腹痛——隐约胀痛，若肿瘤破裂或出血则腹痛剧烈，累及神经可放射至大腿、阴道及肛门等处。

阴道流血——不规则阴道流血及月经紊乱。

胃肠道症状——食后胃肠胀气、隐痛、恶心呕吐、大便失调等。

内分泌紊乱——幼女早熟或绝经后出现男性化表现。

压迫症状——呼吸困难、心悸、不能平卧，系横膈抬高所引起；腹壁及下肢水肿，是静脉回流障碍之故；肿瘤压迫膀胱、直肠，又可出现排尿困难、大便习惯改变，肛门坠胀及肠梗阻等。

卵巢癌的体征

子宫旁肿块——子宫旁一侧或两侧出现实质性肿块。

腹水征——早期就可有移动性浊音。

幼女或青春期盆腔肿块。

远处转移——锁骨上及腹股沟等处触及肿大的淋巴结。

这样吃，为卵巢恢复能量，自然变美变漂亮

玉米

食材功效

玉米素有"黄金作物"之称，其所含的脂肪、钙、磷、维生素B_2居谷物类食品之首，经常食用能降低卵巢癌的发生率。玉米胚尖所含的营养物质能加速人体新陈代谢，可以有效对抗细胞氧化，从而延缓卵巢衰老。

玉米还含有一种叫谷胱甘肽的"长寿因子"，它在微量元素硒的参与下，能生成谷胱甘肽氧化酶，能延缓卵巢功能衰退。

最近科学研究发现，玉米中还含有α-玉米赤霉醇，具有雌激素类物质的生物活性，它可以提高卵巢内卵泡生成水平，使卵巢的内分泌功能保持稳定。

营养师提醒

挑选玉米时，最好选七八成熟的，太嫩，水分太多；太老，其中的淀粉增加，蛋白质减少。挑选玉米可以用手掐一下，有浆且颜色较白者为佳。可以蒸着吃或者煮着吃，口感和营养最好。

保养卵巢的贴心美食

玉米汁／玉米面窝头／玉米饭团／玉米虾仁水饺／奶香玉米饼。

小麦

食材功效

小麦是世界三大农作物之一，麦粒含有丰富的淀粉、蛋白质、多种矿物质和维生素，经常食用可以降低血液中的雌激素水平，可以有效对抗高雌激素诱发的卵巢癌、乳腺癌等。未经细加工的小麦还具有缓解卵巢压力的作用，经常食用可以缓解妇女更年期综合征，并能够延缓更年期综合征的到来。

用小麦加工成的小麦胚芽油集中了小麦的营养精华，富含油酸、亚油酸、亚麻酸、廿八碳醇及多种生理活性组分，维生素E含量为植物油之冠，还含有一般谷物中较短缺的赖氨酸，可有效地促进卵巢的生长发育。

营养师提醒

面粉并不是越白越好。因小麦籽粒皮层由外向里可分为表皮、中果皮、内果皮、种皮、珠心层、糊粉层，皮层内是胚乳和胚芽，其营养成分不尽相同。如果面粉加工过细过白过精，麦粒的糊粉层和种皮被去掉太多，这就损失了大量营养素，特别是B族维生素和矿物质。

保养卵巢的贴心美食

家常饼／金银馒头／黑豆小麦莲枣汤／糯米小麦粥。

荞麦

食材功效

荞麦的蛋白质及各种膳食纤维含量明显高于一般谷物，其同时含有18种氨基酸和9种脂肪酸，所含的必需氨基酸中赖氨酸含量高而蛋氨酸含量低，可以促进卵巢的发育，稳定卵巢的功能。

荞麦含有的烟酸成分能促进机体的新陈代谢，增强解毒能力，能够预防卵巢肿瘤的发生。

荞麦含有其他谷类作物所不含有的叶绿素、芦丁（又名维生素P、芸香苷），能够降低血脂和胆固醇，软化血管，促进卵巢的血液流通，保障卵巢的正常供血。

营养师提醒

1.不可一次食用太多荞麦，否则易造成消化不良。

2.脾胃虚寒、消化功能不佳及经常腹泻的人不宜食用荞麦。

3.选购时应注意挑选颗粒大小均匀、质实饱满、有光泽的荞麦粒。

保养卵巢的贴心美食

小米荞麦鱼／麻酱荞麦凉面／荞麦蒸饺／农家烩荞面。

绿豆

食材功效

绿豆营养丰富，富含蛋白质和人体必需的各种氨基酸，能够为卵巢的生长发育提供各种必需的营养物质。

绿豆中的绿豆蛋白、鞣质和黄酮类化合物可与卵巢中残留的重金属铅、汞、砷等化合物结合形成沉淀物，使它们减少或失去毒性，帮助卵巢排出毒素。

绿豆所含的生物活性物质中有不少都具有抗氧化作用，还可以抑制某些癌细胞的生长，能够降低卵巢肿瘤的发生几率。

营养师提醒

1.绿豆有解毒功效，但体质虚弱、正在服用中药者不宜多吃。

2.绿豆性凉，脾胃虚寒、肾气不足、腰痛的人不宜多吃。

3.绿豆不能用铁锅煮，豆皮中所含的单宁遇铁后会生成黑色的单宁铁，还会使绿豆的汤汁变为黑色，影响味道及人体的消化吸收。

保养卵巢的贴心美食

绿豆冰沙／绿豆奶昔／绿豆百合粥／绿豆芹菜汤。

花生

食材功效

花生含有大量的蛋白质和脂肪，其中不饱和脂肪酸的含量很高，因其热量高，故有"素中之荤"之称，它的营养价值比粮食类作物高很多，可与鸡蛋、牛奶、肉类等动物性食物相媲美，能够促进产后乳汁分泌，保护卵巢。

花生红外衣含有大量的维生素K，有较强的止血作用，能够防止产后出血所致的卵巢功能衰退。

花生中的另一种生物活性物质白藜芦醇可以防治卵巢肿瘤类疾病，还对心血管疾病有一定的预防作用。

营养师提醒

1.花生炒熟或油炸后，性质热燥，不宜多食。

2.在花生的诸多吃法中，以炖吃为最佳。这样既避免了其营养素的破坏，又具有不温不火、口感潮润、入口即化、易于消化的特点，老少皆宜。

保养卵巢的贴心美食

花醋花生／花生仁肉丁／花生红枣鸡爪汤／黄芪花生粥。

胡萝卜

食材功效

胡萝卜中所含有的胡萝卜素被人体吸收后可转化成维

生素A，维生素A是骨骼、细胞等正常生长发育的必需物质，可以促进细胞的增殖与生长，是卵巢及身体各器官生长、代谢的重要元素。营养学家研究发现，经常食用胡萝卜及其他富含维生素A食物的女性，患卵巢癌的几率要比普通女性降低50%以上。

胡萝卜含有较丰富的叶酸和木质素，有提高机体抗癌的免疫力和间接杀灭癌细胞的功能，甚至对已经转化的癌细胞也有阻止它发展或使其逆转的作用，对卵巢癌的防治也有一定的作用。

营养师提醒

1.在食用胡萝卜时，不宜切碎后再水洗，也不宜加太多醋，以免使营养流失。

2.胡萝卜不宜与酒同食。胡萝卜素与酒精一同进入人体，在肝脏中产生毒素，引起肝病。

保养卵巢的贴心美食

凉拌胡萝卜丝／糖醋胡萝卜／咖喱胡萝卜／胡萝卜果蔬汁／胡萝卜炒鸭肝／胡萝卜饼。

茄子

食材功效

茄子含有丰富的B族维生素，在维生素E的协同作用下，能够延缓卵巢衰老；茄子中所含有的龙葵碱，能够抑制肿瘤细胞的增殖，对于防治卵巢癌有一定效果。

茄子性凉，具有清热解毒的作用，还能有效清退由于癌症所引发的发热等症状。

茄子可使血液中的胆固醇水平下降，对稳定血压、延缓人体衰老具有积极的意义。

营养师提醒

1.茄子适用于烧、焖、蒸、拌等烹调方法，但油炸茄子会造成维生素P大量损失，挂糊上浆后炸制，能减少营养流失。

2.茄子切成块或片后，由于氧化作用会很快由白色变成褐色。可将切好的茄子立即放入水中浸泡起来，待做菜时再捞起滤干，就能有效避免茄子变色。

3.老茄子，特别是秋后的老茄子含有较多龙葵碱，对人体有害，不宜多吃。过多食用后可能会出现恶心、呕吐、腹泻、腹痛、意识模糊、抽搐等中毒症状。

保养卵巢的贴心美食

红烧茄子／蒸茄子／鱼香茄子／炸茄盒。

番茄

食材功效

近年来，科学家们在研究中发现，番茄中含有一样好东西，那就是番茄红素。番茄红素是一种很强的抗氧化剂，具有抗氧化、保护血管内壁、清除人体内导致衰老和疾病的自由基的作用，经常食用，可以延缓卵巢衰老，使皮肤富有弹性。

番茄红素还具有抗癌和防癌的作用，能有效减少卵巢癌和乳腺癌的发病率。

番茄中还有谷胱甘肽，有推迟细胞衰老的作用。

营养师提醒

挑选番茄时，不要挑选有棱角和分量很轻的，因为这样的番茄经常是使用了催熟剂的；要选择果蒂部位圆润，表面有一层淡粉样感觉的番茄。

保养卵巢的贴心美食

苹果番茄汁／番茄菜花／番茄焖大虾／番茄炒鸡蛋。

大蒜

食材功效

大蒜被誉为"天然的植物抗生素"，具有极高的药用价值，是世界上最具潜力的抗癌植物之一。大蒜含具有特殊生物活性的大蒜素及其同类的含硫化合物，这些强抗氧化物能有效地抑制癌细胞活性，诱导癌细胞凋亡，增强人体的免疫力，能预防包括卵巢癌在内的肿瘤的发生。

大蒜中的锗和硒等元素也有良好的消炎杀菌或抗癌作用，能保护卵巢；大蒜含有多种氨基酸，其抗氧化性甚至优于人参，经常食用还能延缓衰老。

营养师提醒

1.大蒜对防病治病虽有如此功效，但绝不是吃得越多越好。过多生吃大蒜，易动火、耗血，影响视力，对胃肠道也有刺激作用。

2.由于大蒜有较强的杀菌作用，过多食用大蒜在杀死肠内致病菌的同时，也会把肠内的有益菌杀死，引起维生素B_2缺乏症，易患口角炎、舌炎、口唇炎等皮肤病。

3.大蒜不能空腹食用，也不可与蜂蜜同食。

保养卵巢的贴心美食

蒜香土豆泥／蒜蓉菠菜／蒜泥白肉。

山楂

食材功效

山楂中果胶的含量居所有水果之首，果胶能够消除人体内的放射性元素和自由基，清除卵巢内残留的有害物质，从而保护卵巢。

山楂还能软化血管和利尿，促进血液流通，在保护心、肾血管的同时，进一步维持卵巢的正常功能。

山楂能开胃消食，增进食欲，有利于营养素的吸收，从而增进人体及卵巢的生长发育。

山楂还对子宫有收缩作用，能帮助产后子宫的恢复，从而保养卵巢。

1.中医认为，山楂只消不补，脾胃虚弱者不宜多食。

2.健康的人食用山楂也应有所节制，尤其是正处于牙齿更替时期的儿童，长时间贪食山楂或山楂片、山楂糕等，对牙齿生长不利，同时食用后要及时漱口刷牙。

保养卵巢的贴心美食

山楂鸭／山楂白菜心／拔丝山楂糕／山楂粥。

苹果

食材功效

苹果的营养价值和医用价值都很高，苹果汁中的很多成分都具有较强的杀菌作用。

苹果中独有的苹果多酚，也有较强的抗氧化作用，能抑制黑色素的产生，抑制活性氧的发生，使卵巢处于功能旺盛的状态。

苹果中的多糖、钾离子等，能够中和人体内过多的酸性体液，从而缓解机体及卵巢的疲劳。

苹果中的一些物质如黄酮类化合物等，是癌症的"克星"，能够降低卵巢癌的发病率。

营养师提醒

1.吃苹果时要细嚼慢咽，这样不仅有利于消化，还可以减少疾病。

2.胃寒者忌生食苹果，患有糖尿病者慎食。

3.不要在饭前食用，以免影响正常的进食及消化。

保养卵巢的贴心美食

柠檬苹果汁／苹果焖猪肉／苹果大米粥／苹果什锦饭／苹果炒牛肉片。

草莓

食材功效

草莓果肉中含有大量的糖类、有机酸、蛋白质和果胶等营养物质，维生素C的含量也很丰富，被誉为"水果皇后"，有助于人体及卵巢的生长发育。

草莓中的一些有效成分如鞣酸、草莓胺等，在人体内可吸附和阻止各种致癌化学物质的吸收，具有防癌作用，可抑制卵巢肿瘤的生长。

草莓中还含有一定量的天冬氨酸，可以自然平和地清除人体内的重金属离子，能够维持卵巢的各项功能，使之处于稳定的分泌状态。

营养师提醒

1.不要吃畸形草莓。正常生长的草莓外观呈心形，但有些草莓色鲜个大，颗粒上有畸形凸起，咬开后中间有空心。这种畸形莓往往是在种植过程中滥用激素造成的，对健康不利。

2.把好清洗关。由于草莓植株较矮，在生长过程中容易受到泥土和细菌的污染，所以在食用前一定要清洗干净。

保养卵巢的贴心美食

草莓苹果汁／草莓果冻／草莓红豆派／草莓拌酸奶／草莓牛柳。

木瓜

食材功效

木瓜又叫"万寿瓜"，营养丰富，它所含有的木瓜酶是一种蛋白质分解酶，具有类似于生长激素的作用。

木瓜酶能促使乳腺腺泡发育、乳腺管畅通，达到丰胸的目的；还可以促进新陈代谢和肌肤代谢，让肌肤显得光洁清新。木瓜独有的番木瓜碱和齐墩果酸，具有降低转氨酶活性、抗炎抑菌、增强免疫力、促进脂肪再生和抗衰老的作用，能够预防卵巢肿瘤的发生。

营养师提醒

1.成熟的木瓜果肉很软，不易保存，购买后需立即食用。若不是马上食用，则可选购尚未熟透的果实，并将其放在通风阴凉处储藏。

2.木瓜性味甘平、微寒、无毒，适合大部分人食用。但体质虚弱及脾胃虚寒的人，不宜吃过冷的木瓜；孕妇及过敏体质的人不宜食用。

保养卵巢的贴心美食

木瓜橘子汁／木瓜牛奶蒸鸡蛋／木瓜蜂蜜糖水／凉拌木瓜／木瓜烧带鱼。

红枣

食材功效

红枣又称"百果之王"，其维生素C和维生素P的含量在果品中占首位，这两种物质能增强人体细胞间的附着力，增强毛细血管的弹性，降低血液中胆固醇的浓度，使心血管和卵巢的血管保持正常的功能。

红枣含有的环磷酸腺苷和三萜类化合物，能抑制癌细胞的生长，有较强的抑癌和抗过敏的作用，能有效降低卵巢疾病的发生率。

红枣还能益气补血，促进睡眠，有助于血液循环和对抗衰老，是天然的养颜果品。

营养师提醒

1.生吃红枣时，应细细咀嚼，因为枣皮纤维含量很高，不易消化。

2.枣虽然可以经常食用，但一次最好别超过20枚，过量食用会有损消化功能，引发便秘、胃酸过多和腹胀。

3.腐烂的大枣在微生物的作用下会产生果酸和甲醇。吃后会出现头晕、视力障碍等中毒反应，重者可危及生命。

保养卵巢的贴心美食

蜂蜜红枣茶／木耳红枣汤／红枣枸杞粥／何首乌红枣粥／红枣煨羊肉。

海带

食材功效

在所有食物中，海带中微量元素碘的含量是最高的。碘是人体内合成甲状腺素的主要原料，能够促进卵巢的生长发育。

碘还能反作用于垂体，纠正体内雌激素分泌的失调状态，恢复卵巢的正常生理功能。

海带还含有大量的钙和胶质，能促进体内放射性元素的排出，减少卵巢疾病的发生。

营养师提醒

1.特殊人群如甲状腺功能亢进患者、孕妇、哺乳期妇女应慎吃海带。

2.海带不宜长时间浸泡，否则会损失营养价值。

3.吃海带后不宜立刻喝茶或吃酸涩的水果，否则会妨碍对海带中铁的吸收。

保养卵巢的贴心美食

凉拌海带丝／海带炖排骨／海带烧肉／海带猪蹄汤。

虾

食材功效

虾肉的味道鲜美，营养价值高，是一种很好的滋补食品。虾皮中钙的含量为所有动植物食品之最，磷、镁的含量也较高，能够参与人体各种细胞的代谢，促进各器官的生长发育。

虾含有大量的动物性蛋白质，能够促进卵巢中雌激素的分泌，稳定卵巢的内分泌功能。

虾能滋阴壮阳，促进乳汁分泌，对气血虚弱、体倦乏力者及产后乳汁不下或无乳的妇女有一定的滋补作用。

虾对于性功能的维持也有积极作用，从而有助于保养卵巢。

营养师提醒

清洗虾是在烹煮前必做的事，那么要怎样才能彻底把虾清洗干净呢？虾的胃及卵巢都在头部，不易清洗，可用剪刀将虾头的前部剪去，挤出胃中的残留物。虾的直肠中布满了黑褐色的消化残渣，含有细菌。可将虾煮至半熟，剥去甲壳，把直肠去掉，再加工成各种菜肴。较大的虾可在清洗时用刀沿背部切开，直接把直肠取出洗净，再加工成菜。

保养卵巢的贴心美食

干烧大虾／虾仁豆腐／虾仁蛋羹／水晶虾饺。

鱿鱼

食材功效

鱿鱼含有大量蛋白质、氨基酸、碳水化合物，以及钙、磷等多种无机盐成分，脂肪含量较低，胆固醇含量较高。

同时鱿鱼还含有大量的牛磺酸，可降低血液中胆固醇的含量，改善肝肾功能，维持卵巢血供的畅通，能缓解疲劳，延缓卵巢衰老。故食用后在促进卵巢生长发育的同时又能抑制血液中脂肪的沉积。

营养师提醒

1.鲜鱿鱼须煮熟后再食，因鲜鱿鱼中有一种多肽成分，若食用未煮熟的鱿鱼则会导致肠运动失调。

2.鱿鱼性质寒凉，脾胃虚寒的人应少吃。

3.鱿鱼含胆固醇较多，故血脂异常、动脉粥样硬化等心血管病及肝病患者应慎食。

保养卵巢的贴心美食

芹菜炒鱿鱼／葱爆鱿鱼／凉拌鱿须／韭菜炒鱿鱼。

牛肉

食材功效

牛肉是一种高热量、低脂肪的肉类，含有丰富的蛋白质、氨基酸、维生素、矿物质，也是人体内铁元素的最佳来源，它的组成成分比猪肉更接近人体需要，能够满足人体包括卵巢在内的器官生长发育所需。

牛肉富含肌氨酸，能够促进肌肉骨骼的生长，增强人体抗病的能力，减少卵巢疾病的发生。

牛肉中的铁元素在补充失血、修复组织等方面更为适宜，也可以防止产后大量失血而导致的贫血或卵巢功能衰竭等症状。

营养师提醒

1.新鲜牛肉色浅红，有光泽，质坚而细，富有弹性；老牛肉色深红，质粗。

2.每周吃一次牛肉即可，不可食之太多，否则会增加体内胆固醇和脂肪的积累量。

保养卵巢的贴心美食

凉拌牛肉片／酱牛肉／红烧牛肉／番茄牛肉汤。

卵巢保养四部曲，
与色衰说byebye

第1步：保养卵巢从清洁、排毒开始

现在很多女性都已经意识到卵巢与美丽的关系，只是不知道如何保养。下面，我们就从最基础的卵巢清洁与排毒说起。

很多人都知道毒素积聚会引起疾病，应该排毒，却不知道那"毒"到底是什么，这些毒素都存在于什么地方。毒素可能存在于人体的任何地方，皮肤、肠胃，当然也有可能是卵巢。卵巢中的毒素主要来源于自身新陈代谢紊乱产生的代谢废物，以及外部环境的污染。

自身新陈代谢紊乱：自身的毒素主要因宿便，糖、脂肪及蛋白质代谢紊乱等引起。

外部环境的污染：外部环境中的毒素主要来源于蔬菜中的残留农药、汽车尾气、工业废气、化学药品、食物中的防腐剂、化妆品中超标的重金属以及垃圾食品等。

每个人的身体内都有毒素，各种各样的毒素在不同程度地影响着我们的健康、侵蚀着我们的美丽，保养卵巢必

不可少的环节之一就是清理毒素。卵巢保养第1步，首先要从健康地排毒开始，铺一条健康平坦的路，为卵巢的保养打下好基础。

所谓"病从口入"，要清除我们体内的毒素，就要先从"口"开始！

卵巢清洁排毒好搭档——春笋黑木耳炒肉

春笋和黑木耳都有清热凉血、补肝益肾的功效，而且黑木耳中含有大量的植物胶质。可不要小瞧这些植物胶质，它们拥有非常强的吸附力，可吸附残留在人体内的有害物质，清洁血液。女性经常食用的话，能够有效地清除体内的"杂质"，再加上猪肉性寒养阴，三者合一能够有效清理卵巢内的毒素。

卵巢排毒卫士——芹菜

芹菜的作用是清肝利水，促使体内的有毒物质通过尿液排出体外，从而清理卵巢中的毒素。从结构上来讲，芹菜丰富的膳食纤维可以像提纯装置一样，过滤所有存在于体内的有害物质，不仅仅为卵巢提供了一个清洁的环境，而且对于排除卵巢内的毒素效果也非常好。另外，烹食芹菜也比较方便，可以凉拌，也可以与木耳、香菇等具有排毒功效的食物同炒。

助卵巢毒素排出的功臣——苦味蔬菜、应季水果

苦味的蔬菜一般都具有排毒的功能。例如苦瓜，据研

究，苦瓜含有的蛋白质能显著提高免疫细胞的活性，有效清除体内有毒物质。如果怕苦，则可加糖凉拌来吃，不会影响排毒的效果。

除了苦味蔬菜，一些应季的水果对排除卵巢内的毒素也有非常好的效果。如草莓可以健脾胃、清洁肠胃、凉血解毒。鸭梨、苹果在搅拌成泥后，适当地加上些许蜂蜜，不仅可以帮助卵巢排出毒素，还能缓解大便不通。苹果泥还可加上酸奶，做成水果奶昔，也能起到清洁卵巢、润肠道的作用。

运动排清卵巢毒素不发愁

有句俗语说得好 "生命在于运动"，运动最大的好处就是排毒，加快血液循环，防止体质酸化，对激素分泌也有好处。卵巢的排毒也要依赖运动。女性朋友一定要保证每天至少运动半小时。适量的运动可以促进人体新陈代谢和血液循环，排除积累在体内的毒素，延缓身体各个器官的衰老。但需要注意，运动要量力而行，而且要循序渐进，持之以恒。有助于卵巢毒素排除的运动方法有很多，如散步、慢跑、广播体操、太极拳、瑜伽等都是很好的选择。

接下来告诉大家一个非常有效的排毒小动作。

俯卧位，吸气，收腹，拱起腰部，保持5秒；然后再吐气，头部抬起，腰部下压。

是不是觉得简单得出乎你的意料了？是的，它一点都不复杂，但是，你可别小瞧这个动作，因为它可以按摩腹内器官，改善新陈代谢，从而促进卵巢毒素的排除。我们所需要做的就是坚持。只有持之以恒，才会有很大的收获。

睡个好觉，也能帮助卵巢排毒

良好的睡眠是恢复身体精力的方法之一，同时也是卵巢排毒的必修课。正常情况下我们每天至少应该睡7~8个小时。有些女性因加班、聚会、生活压力等长期睡眠不足，在不知不觉中已经透支了自己的健康，同时也让卵巢得不到休息，积存了大量毒素。那么，从现在开始改变吧，每天好好地睡一觉，也让你的卵巢好好休息！

在卵巢的整个排毒过程中，我们还需要避免以下误区，以免适得其反。一些女性习惯服用排毒药品，而且是专挑贵的买，认为只要是贵的，就一定是好的，也不管是否符合自己的症状或病因。事实上，这就是一种错误的观念。不否认有一些合格的排毒药物是真的有排毒效果，如果选择市场上所销售的排毒产品，就一定要清楚来源以及成分，倘若产品制作过程中添加了非自然的防腐剂、人工调味料等，不但毒素没排掉，反而会增加毒素的积累。

另外，有些人还会觉得毒素是因为日常饮食产生的，因此干脆不吃东西，认为这样既能减肥又能排空卵巢的毒素。实际上这也是一种错误的做法，节食不等于排毒，身体的虚弱反而会减缓新陈代谢，增加毒素的瘀积。

看了这些，相信你也对卵巢的排毒方法有所了解了，那么，你会选择哪种方式为卵巢排毒呢？上述卵巢排毒的方法，如果我们持之以恒、运行有道，都可取得很好的效果。

第2步：善待内脏，从根基上养护卵巢

或许有的人感到很奇怪，觉得我们保养的是卵巢，这跟内脏有什么关系呢？其实很简单，人体就是一部综合运转的机器，任何部位之间都是相互联系的，所以，在护理身体的时候，往往不能简单地"头疼医头，脚疼医脚"。而是要透过现象看本质，抓住引起疾病的根源，才能对症下药。卵巢保养也是一样，它需要其他器官的配合才能更好地发挥自身的作用。经过了第1步的排毒，我们的身体现在可以说已经是清清爽爽了，那么下一步我们该怎样照顾我们的内脏呢？

助肝排毒

肝脏是重要的解毒器官，各种毒素经过肝脏的一系列生物转化后，变成无毒或低毒物质。我们在日常饮食中可以多食用胡萝卜、大蒜、葡萄、无花果等来帮助肝脏排毒。

那么，肝脏的排毒功能对卵巢的清洁排毒又有哪些影响呢？肝脏排毒功能正常，则卵巢功能也会保持正常。如果肝功能异常，势必会对卵巢造成一定的影响。如果肝气郁结，气病及血，气血瘀滞于子宫，就会造成痛经，严重者会患子宫肌瘤。

助肺排毒

肺如果不能正常排出毒素的话，卵巢也会受到损害。严重者甚至会造成体内气虚，血固不稳，经期提前，而且量大。长此以往的话，还容易引起卵巢早衰。

柠檬中含有维生素B_1、维生素B_2、维生素C等多种营养成分，还含有丰富的有机酸等。它能止咳化痰、生津健脾，有效地帮助肺部排毒。另外，柠檬中含有的维生素C具有抗氧化功效，能有效改善血液循环不畅的问题，帮助血液排毒。

保养好肾脏

中医认为"肾主骨，生髓"。意思是肾具有促进机体生长发育的功能，肾气旺盛，天癸产生，冲任二脉旺盛，然后才能产生月经。如果女性肾虚的话，骨髓造血的功能一定有所下降，那么月经的量肯定会减少，而且经期会拖后。长此以往对卵巢也是有害的。从中医理论角度思考，肾脏、卵巢是女性衰老变化过程中的主导器官，共同决定着女性内分泌系统的功能，保养卵巢的同时也要对肾脏进行保养，两者紧密联系，相辅相成。

健脾很重要

脾是身体重要的器官之一。在日常生活中，我们所吃的五谷杂粮及肉、鱼、蛋等各种食物依靠脾来运化，帮助胃肠消化吸收，同时脾也从五谷杂粮中得到养分滋养自己。如果长期进食不足，脾就会虚弱。就跟我们连续工作了很长一段时间，而身体得不到休息是一个道理。女性如果因减肥而不吃五谷杂粮，久而久之就会造成脾虚。一旦脾虚以后，月经的量会减少，周期也会不稳定。长此以往会对卵巢造成很大的伤害。

总之，想要保养卵巢，就要保护好身体的其他器官，只有这样，它们才能同心协力地为我们的健康工作。

我们需要学习一下内脏各器官的保健运动，以便更好地养护我们的卵巢。下面介绍几项简单又实用的运动方法：

1.伸展扩胸

身体站直，双臂下垂，两脚分开，距离与肩同宽。吸气，双手由体侧缓缓向上伸展，抬头挺胸，尽量扩展胸部。呼气时还原动作。

2.转体压胸

身体站直。吸气，上身缓缓转向右后方，右臂随之侧平举，并向右后方伸展。左手放于左侧胸前，向右推动胸部，同时呼气。向左侧转动时，动作相同，方向相反。

3.交叉抱胸

取坐位，双脚自然踏地，吸气，交叉双臂抱于胸前，上身稍稍前倾，呼气，还原动作。

1.伸展扩胸　　　　　2.转体压胸　　　　　3.交叉抱胸

4.双手挤压胸

取坐位，双脚自然踏地，双手放于胸部两侧，吸气，双手挤压胸部，上身稍稍前倾，呼气，还原动作。

5.单抱膝挤压胸

取坐位，双脚自然踏地。深吸气后缓慢呼气，与此同时，抬起一侧下肢，双手抱住小腿，并向胸部挤压。吸气还原。两侧动作交替进行。

4.双手挤压胸　　　　5.抱单膝挤压胸

6.双抱膝压胸

6.双抱膝压胸

身体直立，两脚并拢，深吸气，缓缓呼气，屈膝下蹲，双手抱住膝盖，大腿尽量挤压腹部及胸廓，以排除肺内存留的气体。吸气，还原动作。

我们可以在闲暇时间抽空做一下，长期坚持下来，对身体颇有益处！女性朋友应该多做一些这样的运动，才是对自己的健康负责。

第3步：回归主题，增加你的卵巢元气

在完成了对卵巢周边器官的保养后，我们也该再次回到主题，继续谈谈该怎样呵护我们的卵巢了。这一次，我们要给卵巢本身做一个全面的运动。前面两步已经为卵巢保养打下基础，现在是该卵巢运动的时候了，合理的运动不仅可以锻炼卵巢，还能够促进卵巢对各种营养的吸收。现在，就集中给大家介绍一些有益于卵巢保养的运动。瑜伽可以说是最安全、最经济的卵巢保健运动方式。

方法1

吸气，双臂高举过头顶，手掌相对，手臂伸直，保持5秒；吐气，双手合十，放在胸前。平衡呼吸。

功效：此动作可以增强心肺功能，让身体和大脑得到充足的氧气，让大脑得到休息。还可以缓解月经不调引起的腰腹胀痛，同时也能使卵巢处于最佳的休息状态。

方法2

身体向前弯腰，双手抱住小腿。在弯腰的过程中，应以感到不太费力为限。

功效：此动作可以改善脊椎的气血循环，防治肾气虚弱所致的各种妇科疾病，刺激卵巢激素正常分泌，还可以缓解紧张情绪。

方法3

吐气，双手放在腰部，慢慢向右方扭转腰部，保持5秒。然后，向左方扭转腰部，左右各做一次。

功效：此动作可以纠正因平时姿势不正确而引起的腹部胀痛，也能消除卵巢中偶尔出现的滤泡囊肿组织。

方法1

方法2

方法3

方法4

吐气，双手放在腰部，放松腰肌和腿部两侧的肌肉，此动作保持10秒。保持正常的呼吸。

功效：此动作可以改善盆腔的气血循环，缓解因盆腔局部长时间充血给卵巢带来的压迫。

方法4

方法5

吸气，腹部向内收紧，同时收紧会阴部，闭气1秒；吐气，放松全身肌肉，保持5：1：5的呼、闭、吸的比例。

功效：此动作可以帮助产后尚未形成规律排卵的卵巢有效躲避菌群侵扰，同时还能改善女性因生产所致的阴道松弛。此外，此动作可以提高身体免疫力，对寒湿诸症有奇效。

方法6

以尾椎骨为支点，向前或向后均匀画圈各36次。

功效：此动作可明显改善月经期间失血过多引起的贫血或手足冰冷等症状，也可对由此引起的卵巢功能衰弱有直接疗效。此动作还可强化身体元气，增强全身细胞的更生。

方法7

全身放松，闭上双眼，动作像胎儿躺在母亲的子宫里一样。

方法5　　　　　　　　方法6　　　　　　　　方法7

功效：此动作可促进卵巢及整个生殖系统腺体分泌均衡，可提高睡眠质量，延缓衰老。

方法8

取坐位，吸气，右腿向上抬起，双手抱紧，尽量靠近右边腹部，保持此姿势10秒，吐气。换左腿做同样动作。

功效：此动作具有温补子宫、卵巢的作用，同时还能按摩腹内器官，促进腹部的气血循环。

方法8

除了这些比较简单的小方法外，还有一些成套练习的方法，在此也给大家介绍一下。

上身舒展式

1.跪坐，臀部落在脚跟上，背部伸直，吸气，双臂向上举，手臂尽量向上伸长。

2.吸气，上半身向前屈，伏地，手臂与身体始终保持在一个平面，使后背感觉到拉伸感。

3.吸气，起身，手臂向上伸，呼气，放松。

特色功效：此动作可以放松坐骨神经，强化骨盆，并可以增强性欲。经常做此动作，可以增加子宫、会阴周围肌肉的弹性，清理和排除生殖系统的毒素，刺激激素正常分泌。

注意事项：意守会阴，收紧会阴、肛门处，舒展下腹区域。

小腹上伸式

1.取仰卧位，身体放松，双腿屈膝打开与肩同宽，保持自然的呼吸。

2.吸气，臀部抬起尽量向上，双手合掌伸直放置背后的地面，臀部始终保持收紧状态。

3.吸气，抬起左腿，左脚尖放在右腿膝盖上，保持臀部向上，手托住腰，以后肩、双臂、右脚为支点。

4.自然呼吸，保持10秒。将左脚向上抬起，尽量向上伸展。眼睛看左脚脚尖，保持姿势10秒。

特色功效：本动作直接刺激女性性器官，提高女性激素的分泌，使女性保持年轻状态。

注重事项：每个动作做到自己的极限，切不可勉强自己，急于求成。

束角式

1.取坐位，屈膝，两脚心相对，两脚的脚跟和脚掌贴合一起。

2.坐好之后，十指交叉抱住脚趾，尽量把脚跟靠近会阴部，伸直脊柱，保持这个姿势，深深调息4次。

3.呼气，向前弯曲身体，把两肘按在地面上，保持姿势15秒。

4.随着身体变得更加柔韧，逐渐将前额贴近地面，保持姿势15秒。

5.随着练习的加强，可将下巴放到地面上去，正常地呼吸，保持15秒。慢慢吸气，还原起始动作，抖动腿部关节放松。

特色功效：对于痛经、经期不调、面色苍白的女性有很好的调节作用。另外，对于准妈妈也有一定的保健功效。

注意事项：在做上述动作时应将意识集中于生殖系统，并辅助关注骨盆区域，放松髋关节。两肘无法落地时，不要着急，可以轻轻地向前推送上身，并保持在自己的最大幅度。孕期避免做幅度过大的练习。

除了运动，我们还要通过食补来配合卵巢的养护，之前我们介绍了很多利于身体排毒的食物，利于五脏六腑的食物，这次就要深入主题，介绍一些对于卵巢保养很有帮助的食物。下面，我们就来介绍一下可以呵护卵巢的美食！

COOKING 1

∷ 参鱼瘦肉汤 ∷

■鱼鳔、猪瘦肉各50克，枸杞子、太子参各20克，生地黄18克，盐少许。将鱼鳔用清水泡软，切成小条状；猪瘦肉洗净，切成丝；其余配料洗净后备用。将全部用料放锅内，加清水适量，文火煮1～2小时，加盐调味，喝汤吃鱼鳔、枸杞子及猪瘦肉，一天之内服完。具有滋阴降火的功效，对卵巢早衰很有效。

COOKING 2

∷ 二仙羊肉汤 ∷

■仙茅、淫羊藿各12克，生姜15克，羊肉250克，盐、食油、味精各少许。将羊肉切成片，放砂锅内加清水适量，再将用纱布包裹的仙茅、淫羊藿、生姜放入锅内，文火煮羊肉至熟烂，放入调料调味即成，食用时去药包，食肉喝汤。具有滋肾、滋养卵巢的功效。

:: 猪脊肉粥 ::

■ 猪脊肉60克，大米90克，香油、盐、花椒各适量。先将猪肉洗净、切成片，用香油略炒后加入清水，放入大米煮粥。待粥煮熟时，放入盐、花椒，再煮沸后即可食。可防治卵巢早衰而致肌肤干燥、毛发不荣。

:: 银杞明目粥 ::

■ 银耳15克，鸡肝、粳米各100克，枸杞子、茉莉花各10克，调料适量。银耳用水发后撕成小片，鸡肝切成薄片与粳米共同煮粥。待粥煮至六分熟时，加入枸杞子，继续煮熟，再放入调料和茉莉花，即可食用。具有防治卵巢早衰容颜无色的功效。

:: 灵芝炖猪蹄 ::

■ 取灵芝15克、猪蹄1只以及料酒、盐、味精、葱段、姜片、猪油等。将猪蹄洗净去毛切成块，灵芝洗净切成片。锅内放猪油，烧热后加葱姜煸香，放入猪蹄块、水、料酒、盐、味精、灵芝，大火烧沸后改用文火炖至猪蹄烂熟，即可食用。具有防治卵巢早衰皮肤皱纹的功效。

:: 哈士蟆炖冰糖 ::

■ 枸杞子5克、青豆100克洗净，葱切段，姜切片。将雪蛤膏10克盛入瓦钵内，加水500毫升和适量葡萄酒，以及葱段、姜片，蒸2小时，取出，去掉姜、葱、沥尽水。除去雪蛤膏上面的黑筋膜，大的掰成数块，盛于钵内，加水500毫升，以及适量葡萄酒，蒸2小时，使其完全涨发，捞入大汤碗中，将180毫升水及冰糖盛入大碗内，蒸1小时待冰糖溶化后弃掉沉淀物，倒入盛有哈士蟆油的碗内，撒入枸杞子、青豆即可。具有滋补肝肾、滋养卵巢的功效。

第4步：巩固卵巢的保健

当我们兴致勃勃地做过一场全面的调理后应该做的是什么呢？——不错，休息。对于卵巢来讲也是一样，当给卵巢做过各种健康操，并且进行了食补之后，卵巢也会累。这个时候，我们最需要做的就是给卵巢放个小长假。不要忘了，休息是为了更好地工作。而且，卵巢的前期护理工作我们都做好了，现在我们需要做的，当然就是把一片大好的现状维持下去。在这期间，我们可以调节一下生活方式，给卵巢一个健康安逸的生活环境。现在我们的主题就是怎样在日常生活中保持自己卵巢的健康！

那么，接下来，我们就来看一看想要避免卵巢早衰，在生活中应该注意的"潜规则"吧！

其实，根据卵巢早衰的病因，我们就可以看出预防卵巢早衰的途径其实也不外乎饮食起居、运动等几方面。

选择高钙食物

有数据显示，每日摄取充足钙质的人会比钙质摄取不足的人的卵巢癌发病率降低46%。因此，女性在日常生活中要有意识地进食含钙量较高的食物，如牛奶、脆骨等。

多吃胡萝卜

营养学家发现：平均每周吃5次胡萝卜的女性，卵巢癌的发病率比普通女性低50%。

多吃豆制品

大豆中含有大豆异黄酮，能够延缓女性衰老，多吃豆制品是卵巢保健的秘诀之一。

多吃富含叶酸的食物

常吃叶酸含量较高的食物的女性，其卵巢癌的发病率比很少吃含叶酸高的食物的女性降低74%。至于叶酸，也叫维生素B_9，是一种水溶性的维生素，天然叶酸广泛存在于绿色蔬菜、柑橘类水果及全谷类食物中。

适量服用维生素C和维生素E

若每天服用适量的维生素C和维生素E，患卵巢癌的概率就会减少50%。然而，对一些身体不适的女性来讲，单纯地依靠从食物中获取维生素C和维生素E是不够的，所以可以咨询医生后，按照医嘱适量服用维生素C或维生素E制剂来补充。

卵巢保养方

红皮花生米250克，猪蹄3~4个，莲子肉250克，红枣150克。先将猪蹄去毛洗净，用1500~2000毫升水小火熬3

小时后，将花生、红枣和莲子放进去，同煮1小时，加入适量调料即可食用。每天早晨和临睡前空腹喝一小碗。具有补肝肾、补气血、暖宫的功效，能改善卵巢营养，提高女性的性激素水平。

有需要的女性可以在医生的指导下服用，在月经干净后连续服用两周，到下个月经期月经干净后再服用，连续服用3个月经周期。

卵巢保养按摩

选取膝关节上的血海，踝关节上的三阴交，踝关节旁边的复溜、照海，足底的涌泉，下腹部的关元、气海、神阙等穴位，用食指在这些穴位点按，每天2~3次，每次20分钟，能改善女性内分泌和生殖系统功能，有益于卵巢的保养。

良好的睡眠

良好的睡眠是恢复身体精力最有效的方法，也是延缓卵巢早衰的方法之一。

每天应该至少睡7个小时。有些女性长期睡眠不足，因加班、聚会、泡吧、通宵达旦上网，在不知不觉中透支了自己的健康。美女是睡出来的，良好的睡眠对于女性来讲必不可少。因此，女性晚上睡眠时间最晚不要超过22点。若

是错过了最佳睡眠时间，即使早上多睡一段时间，也补不回"黄金睡眠时间"带给人体的好处。这也是为什么会有"美容觉"这一说法，如是错过了最佳的休息时间，即使次日清晨补回来也还是会给身体留下不适的痕迹，比如疲惫、黑眼圈、面色发黄等。

如果不习惯这么早就上床睡觉，那你还可以先躺在床上听一听音乐，尤其是轻音乐，可以舒缓我们紧张的情绪，让身体慢慢放松，这样可让我们容易入睡。在安静的睡眠中，让卵巢和我们一样，得到充分的休息。

关注月经

卵巢早衰有一个缓慢的发生和发展过程，而月经的变化能够明显地反映出卵巢及全身气血的健康状况，女性朋友一定要重视月经的变化。

学会调节情绪

现代社会节奏越来越快，工作和生活压力越来越大，这就需要女性保持良好的心态，学会排解不良情绪。

科学减肥

眼下减肥已成一种时尚，但是我们绝对不能以健康为代价来换取短暂的美丽，所以，想要减肥不是不可以，但一定要科学，即使是想通过节食去减肥，也不要过度，更不能在节食过程中减少富含蛋白质、维生素和各种微量元素的食物的摄入。

保持适当的运动

保持适当的运动，既可以让卵巢自由自在地呼吸，又可以增强身体的免疫力，对抗身体中可能潜伏的疾病。

合理饮食

合理的饮食可以让身体保持一个健康的状态，卵巢也会得到很好的养护。清晨起来，空腹喝一杯温开水或蜂蜜水。早餐一定要吃，最好在9点之前。午餐建议尽量少吃快餐，这样可以避免食用过于油腻的食物，有条件者，可考虑自带盒饭。晚餐时间不宜太晚，也不要吃得过饱。

卵巢保养不是儿戏，
别让美容院的假广告忽悠了你

女人因卵巢功能正常而性感美丽，然而卵巢会随着年龄的增长而逐渐衰老，有些女性也会因为压力等原因而出现卵巢早衰，所以美容院的卵巢保养项目很受欢迎。其实，不少美容院的卵巢保养是没有科学根据的，只是一个炒作的噱头，可别让它忽悠了你！

质疑美容院那些不靠谱的卵巢保养

质疑一：没有科学依据支持。

目前没有任何资料表明，美容院中流行的"卵巢保养项目"能够达到保养卵巢、预防卵巢早衰的目的。不管是月经突然变得不规律，还是乳房出现了肿块，都应该尽早去医院查明原因，千万不要贻误了病情。

质疑二：按摩到不了卵巢部位。

从解剖结构来看，卵巢位于盆腔内，前面有膀胱，后面是直肠。卵巢深藏于盆腔内部，位于子宫底的后外侧，与盆腔侧壁相接。一般来说，当女性平躺时，哪怕是较瘦弱的女性，专业医生也要通过阴道检查才能摸到卵巢，但对于大多数女性来说腹部或多或少存在着脂肪，这种情况下不论是所谓怎样专业的手法都不能摸到卵巢。

质疑三：混淆"卵巢早衰"的概念。

虽然卵巢早衰会引起月经紊乱，但是引起月经紊乱的并非只有卵巢早衰一个原因。很多美容院混淆了"卵巢早衰"这个概念。正常女性的卵巢功能是在45~50岁时才开始衰退，如果在40岁以前出现衰退迹象，医学上成为卵巢早衰。预防卵巢早衰要从多方面入手，仅靠做美容院所谓的"卵巢保养"是完全不可能的。

卵巢精油保养，几乎不可能

香精油虽能渗到皮下，但根本不能渗透到卵巢。任何经皮肤吸收的物质要经静脉进入体循环，才能到达相应的组织器官。精油既不易被吸收，更谈不上输送到卵巢、垂体、下丘脑，如何发挥生理效应？

按摩可能会促进局部的血液循环，但并不是所有的人都适合做"卵巢保养"。像一些"卵巢囊肿"等妇科疾病的患者并不适合做此类按摩，不适当的按摩甚至会引发"蒂扭转"，导致病情恶化。

自古以来，中医典籍就没有卵巢保养之说。中医经络主要包括十二经脉与奇经八脉，没有任何一条经脉直接联系卵巢。经络不达，穴位功能如何发挥？采用芳香走窜、活血化瘀的中草药或提取芳香类成分来贴肚脐，可改善气血运行，对气滞血瘀引起的痛经、月经不调有一定治疗作用。而能刺激卵巢分泌雌激素，可以养颜防衰老的说法是没有科学根据的。

纯植物精油的成分是芳香醇类物质和苯类物质，主要是作为一种高级香料使用，而且其在植物中的含量非常小。比如玫瑰精油，它主要是从玫瑰鲜花的花瓣中提取，大约5吨重的花朵只能提炼出2磅的玫瑰精油，所以纯植物精油的价格非常昂贵。

对美容市场的市场调查发现，"植物精油"多是化工品，而合成的"精油"进入美容院后身价陡涨。精油无论是从植物中提取或是其他来源，其化学结构及成分、进入人体的途径、吸收利用率、代谢途径等，都缺乏严格的科研数据。

卵巢保养，一个美丽的心理暗示

美容院的"卵巢保养"项目，从医学的角度分析，如此操作难以达到保养卵巢、调节内分泌功能的目的。不过有意思的是，仍然有一些女性称接受这项服务后从中受益。她们认为自己的皱纹减少了，甚至便秘问题也得到改善，皮肤因此变得有光泽。这是怎么回事？

其实，是从业人员良好的服务态度、热情周到的心理疏导起到了关键作用。那些"愁容满面"而来的女士，经过舒适的按摩与心理疏导后，怀着愉悦的心情和对美丽的憧憬而去，皱纹自然舒展了，显得容光焕发。

美容师对腹部轻柔有序的推拿按摩，对求美者的肠道功能也起到了一定的调节作用。因此，从某种意义上讲，"卵巢保养"是一种不错的心理美容手段。

Ovarian Health

/ PART 4 /

养颜亦养"延",
任岁月流逝也夺不走你的美丽

祈求永远青春健康是每个女人的愿望。然而,卵
巢的早衰让不少女性提前进入黄脸婆时期。花季
保鲜源自卵巢的功能,只有养好卵巢才能让女人
更女人、更青春、更健康……

青春期——
发育的卵巢增添你的美丽

卵巢在女性的一生中须经历不同的阶段，其中最不可忽视的是青春期，即10~19岁。这个时期之所以重要是因为它是女性发育的最关键时期，能为以后一生打下健康的基础。那么，在这个重要的时期，女性该怎样保护自己的卵巢呢？它又会有哪些常见的问题呢？在这一节中，将会为大家详细讲述。

月经来潮是青春期开始的一个重要标志。青春期早期各激素水平开始有规律地波动，雌激素水平达到一定高度时会下降，引起子宫内膜崩溃脱落并伴随出血即月经初潮。由于中枢系统对雌激素的正反馈机制尚不健全，故初潮后月经周期多无一定规律。

进入青春期后，卵巢发育成熟，雌激素分泌增多，月经来潮，身体迅速发育，变得成熟丰满，具有女性特质。在青春期细胞增生迅速，卵巢很容易受到体内各种因素的刺激，发生卵巢肿瘤。青春期对女性来说是一个"多事之秋"。因此，这时候卵巢保养是非常有必要的。不仅要平衡饮食，使食物种类多样化，还要注意摄入均衡的营养，尤其是含优质蛋白质的食物，满足身体发育的需要，让卵巢有足够的营养来生长发育。同时，还要加强身体锻炼，让身体机能健康旺盛，为卵巢的发育提供一个健康的环境。

另外，月经期也要多加注意个人卫生，避免感染。否则会对卵巢十分不利。月经来时女孩子虽然可照常参加活动，但是要注意避免过于劳累，避免湿冷，因为月经期间很容易感冒，还要避免进食寒凉、刺激性食物。

婚育期——
成熟的卵巢为你的风韵驻足保鲜

婚育期是卵巢工作时间最长、最忙碌，也是最重要的时期，这一时期可以持续约30年之久。这个时期的卵巢功能已经完全成熟，是生殖功能与内分泌功能最旺盛的时期，能够规律性地分泌性激素、周期性地排卵，这个时期也是女性的性成熟期。

此时的卵巢源源不断地分泌着雌激素和孕激素。雌激素、孕激素的协同作用与周期性的高峰波动启动了每个月规律性的排卵与月经的来潮，维持着女人靓丽的容颜和丰满迷人的体态，彰显着女性成熟的魅力。除妊娠期和哺乳期外，婚育期中的卵巢一直在不断地工作，重复着排卵与分泌激素的周期性变化。

卵巢一生最多只能排出400~500个完整的卵子，当卵巢停止排卵时，它的功能也就逐渐衰退，女性也就进入了更年期。目前来说，医学上并没有很好的办法可以延长卵巢的排卵时间，延长它的生殖功能，从而维持女性的青春。反而，现实生活中，各种环境和社会因素正日渐侵蚀着它的健康。因此，保护卵巢免受伤害，防止卵巢早衰显得尤为重要。

在婚育期，性爱是保持卵巢等生殖器官健康的最佳"增效剂"，和谐的性生活可以增强女性对生活的信心，使人精神愉快，稳定卵巢的分泌功能，还能提高免疫力，但是切记不要过于频繁。日常生活中要保持良好的习惯，防止生殖器官炎症；要洁身自爱，远离性传播疾病，避免卵巢炎性包块的产生；经期不要性交，以免脱落的子宫内膜在性交时反流进入卵巢，形成卵巢巧克力囊肿，从而影响以后生育。

卵巢功能正常的女性拥有丰满的身材、充沛的精力，浑身上下散发着成熟的韵味。但是，如果卵巢分泌功能过于旺盛，各种肿瘤也会逐渐进入发病的高峰期。

卵巢肿瘤可发生于任何年龄，但多见于生育期女性，是妇科常见的肿瘤。它能以各种不同的性质和形态存在，可以发生在卵巢的一侧，也可以是双侧；可以是囊性的，也可以是实性或者混合性的；还有良性或恶性的区分。卵巢的恶性肿瘤迄今仍然没有一种比较完善的早期诊断方法，所以一般愈后较差，它的死亡率高居妇科恶性肿瘤的首位。如果能够做到早期诊断、早期治疗，就能有效地保护卵巢功能。所以年轻女性在日常生活中就要注意保养卵巢。

只有这样，才能保持卵巢的生殖和分泌功能的稳定，塑造女性成熟的韵味与气质。也唯有如此，才能延缓卵巢的衰老，焕发女性的青春活力。

产后卵巢保养

产后卵巢仍需养，
保鲜你的"女人味"

> 随着工作和生活压力的逐渐增大，现代女性产后卵巢功能早衰的发病率越来越高，产后卵巢保养也被提上日程。

准妈妈们十月怀胎，好不容易把宝宝生下来，身体都会很虚弱，要特别注意产后保健问题，尤其是卵巢的保健。那么，产后如何保养卵巢呢？

1.定期检查性激素、乳腺和子宫内膜

根据体内激素水平高低，采用激素替代疗法。须适量服用雌激素的患者，每3个月要监测一次，在医生指导下服用，从而推迟卵巢功能的衰退期。

2.适当运动预防卵巢癌

适当运动可调节人体免疫力，有助于防止卵巢癌的发生，同时还可以防治其他相关的妇科病，如子宫癌等；可以阻止身体积累过多脂肪，而身体中脂肪的含量会影响激素的分泌。

3.按摩保养卵巢

选择膝关节上的血海，踝关节上的三阴交，踝关节旁边的复溜、照海，足底的涌泉，下腹部的关元、气海、神阙等穴位，可自己用食指在这些穴位上点按，每天2~3次，每次20分钟，可促进女性内分泌和生殖系统功能的改善，有益于卵巢的保养。

4.母乳喂养

产后提倡母乳喂养，哺乳时间尽量延长。

5.饮食调养

常喝豆浆，多摄入洋葱、扁豆等食物，这些食物所富含的植物性雌激素能弥补雌激素分泌不足对女性身体造成的影响。另外，可在医师的指导下服用补养肝肾、滋补气血的药物，如何首乌、熟地、黄芪等。

从中医学的角度上讲，对卵巢起积极作用的食品有枸橘、甲鱼血、蛋清和豆子（黄豆）；药品方面，西洋参、女贞子等都具有较好的滋补卵巢的作用。生活中多食用维生素E含量较多的食物，如核桃，对子宫和卵巢有很好的保养作用。

6.良好的生活方式

身心健康对卵巢保养是非常重要的，健康的生活方式，良好的心态是维护卵巢功能的最好方法。女性的生殖内分泌功能受大脑皮层的影响。长期劳累、精神紧张或抑郁寡欢的人，大脑皮层也受抑制，可直接影响女性内分泌功能。

7.陶冶情操

合理安排生活节奏，做到起居有常、睡眠充足、劳逸结合，培养广泛的兴趣爱好，工作之余可养花植树、欣赏音乐、练习书法、绘画、打球等，能怡人情志，调和气血，利于健康。

8.调节情绪

别让产后抑郁击败你。人的情绪轻松愉快时，脉搏、血压、胃肠蠕动、新陈代谢都处于平稳协调状态，体内的免疫活性物质分泌增多，抗病能力增强，不良情绪可导致高血压、冠心病、溃疡病甚至癌症的发生。女性要善于调节情绪，正确对待发生的心理冲突，可以外出旅游、找朋友聊天来及时宣泄不良情绪。

更年期——
衰退的卵巢需要更多关照

更年期是指45～55岁的女性由生育期过渡到老年期的一个阶段。更年期是卵巢退化、萎缩变小、功能衰退的时期。这个阶段的女性，由于生理原因，身体各方面已经开始走下坡路，特别是内分泌紊乱等原因，让更年期的一些警示逐渐出现。

针对更年期女性卵巢的特点，我们可以分为三个阶段：

绝经前期

这个时期卵巢内卵泡数明显减少且易发生卵泡发育不全，多数妇女在绝经前期月经周期不规律，常为无排卵性月经。

绝经前期由于卵巢功能逐渐衰退，雌激素缺乏，使围绝经期妇女出现一些血管舒缩障碍和神经精神障碍的症状。血管舒缩障碍可表现为潮热和出汗；神经精神障碍可表现为情绪不稳定、不安，抑郁或烦躁，失眠，头痛等。

绝经期

自然绝经通常是指女性生命中最后一次月经，卵巢内卵泡自然耗竭，或剩余的卵泡对垂体促性腺激素丧失反应。中国女性的绝经期平均年龄为49.5岁，80%在44～54岁。如40岁以前绝经称卵巢功能早衰。

绝经后期

卵巢进一步萎缩，其内分泌功能消退，生殖器官萎缩。

女性要调整好心态才能更好地度过更年期。由于体内雌激素减少，会加速骨质的流失，内脏功能也会逐渐衰竭。长期缺乏运动、压力过大和营养不均衡，都可能加重更年期症状。这时我们可以通过服用一些保健品来增强体质。除此之外，我们还应该通过科学合理的生活方式顺利度过更年期。

均衡的饮食是健康保养的关键。更年期最好的饮食疗法是食用豆制品。因为大豆中含有丰富的大豆异黄酮，极易被人体吸收，当人体摄取足量的大豆异黄酮后，多余的部分即被迅速排出体外，不会在体内蓄积，不会对人体造成危害。对于更年期女性来讲，对卵巢衰退影响最大的就是缺乏雌激素，而补充雌激素的有效途径之一就是补充大豆异黄酮，它可以保护卵巢、维持女性健康。

老年期——
补充雌激素养护卵巢

度过了更年期这个门槛，女性将不可避免地步入老年期，老年期间，女性需要注意的事情会更多。因为卵巢的衰退、萎缩、变小、变硬，会引起内分泌的一系列变化，随之而来的是女性的外表变化：皮肤松弛、皱纹增多、身材不再挺拔等。

正常情况下，卵巢每个月会有一个卵细胞排出，随着这个卵细胞成长、发育和排出，同时要产生雌激素，作用在女性全身的各个器官和系统。首先会作用于大脑，会对负责大脑记忆的海马区起到滋养作用。绝经之后，由于雌

| 雌激素分泌正常 | → | → | → | 储备记忆 |
| 雌激素分泌减少 | → | → | → | 健忘 |

激素分泌明显下降，海马区会逐渐地萎缩。为什么更年期的女性容易变得唠唠叨叨呢？就是因为她们的海马区已经萎缩，容易健忘。

另外，更年期时，雌激素水平降低，也会导致血管舒缩功能失调，女性会一阵一阵地出大汗、烦躁、血管收缩。而在老年期，卵巢功能已衰竭，主要表现为雌激素水平更为低落，不足以维持女性第二特征，生殖器官进一步萎缩老化。

在老年期，保养卵巢时可适当补充雌激素。虽然这个时期卵细胞不能再生了，但是雌激素是可以再补充的。适当地补充雌激素不仅可以减慢老年女性衰老的步伐，还能够减轻身体上的不适，但记住，要在医生指导下使用，不要自己盲目乱用。

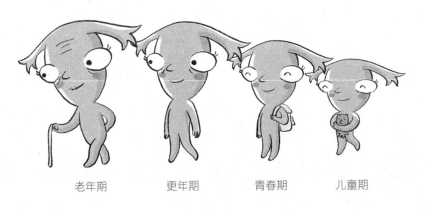

老年期　　　更年期　　　青春期　　　儿童期

随着女性年龄的增长，卵巢的年龄也在不断地增长，适当补充雌激素，可减缓衰老的进程。

Ovarian Health

PART 5

珍惜你的"私密花园"，
别让疾病伤害了它

卵巢是女人最重要的部位，它的健康及其保养对于女人来说是一件非常重要的事，它关乎着女性朋友们的激素分泌情况以及卵子生成情况，因此，保养好卵巢对于女性朋友的身体来讲就显得格外重要。

警惕，
这些都是卵巢的求救信号

脸上色斑激增

色斑对于爱美的女士可以说是一个不小的挑战，让她们如临大敌。很多女性一掷千金，购买昂贵的化妆品，在美容院办了一堆护肤卡……只为了能重新找回白皙光洁的肌肤，可最终还是没能解决问题。然而，很多女性并不知道，她们的"面子问题"其实与卵巢功能有着很大的关系。

卵巢是女性重要的内分泌腺体之一，其分泌的雌激素和女性的容颜关系最为密切。正常情况下各种激素的分泌是保持平衡的，如果卵巢出了问题，雌激素分泌过多或者过少，都会导致内分泌失调，影响女人的皮肤，最典型的症状就是脸上出现色斑。其中较常见的是卵巢囊肿。如果

为消除色斑，许多女士在美容院办了一大堆护肤卡，却没有关注到真正的原因——卵巢病变。

是这个原因产生的色斑，那一定不要乱用化妆品，很多化妆品中会含有雌激素成分，这会加快卵巢囊肿的生长速度，而囊肿长得越大，对雌激素的分泌影响也越大，进而会产生更多的色斑。

女性朋友如果脸上的色斑突然增加，一定要注意是否由卵巢病变引起的，及时治疗，才能恢复美丽容颜。女性肌肤的生理周期存在着一个祛斑效果极好的黄金时段。女性从排卵期开始到行经之前约2周内，体内分泌出黄体酮，为受精卵着床做准备，这时肌肤常常会出现黑色素活跃现象。而从行经开始到下一个排卵期之间，肌肤处于较好的状态，是护理肌肤的最佳时期。如果在这个时期对卵巢加以保养，可以使机体内环境趋于稳定。随着雄激素水平的降低、雌激素分泌的增多，色斑就逐渐消失了。

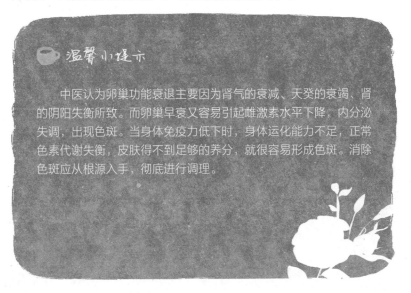

温馨小提示

中医认为卵巢功能衰退主要因为肾气的衰减、天癸的衰竭、肾的阴阳失衡所致。而卵巢早衰又容易引起雌激素水平下降，内分泌失调，出现色斑。当身体免疫力低下时，身体运化能力不足，正常色素代谢失衡，皮肤得不到足够的养分，就很容易形成色斑。消除色斑应从根源入手，彻底进行调理。

除去病理原因外的脸色不良

20岁的大学生李曼发现自己的月经量变少了，脸色蜡黄，上个楼都会气喘吁吁，身体状况越来越差，原本活泼好动的她，甚至连去食堂吃饭的欲望都没有了。在同伴的陪同下去医院先后2次进行B超及化验检查，结果均显示其雌激素水平极低，促卵泡生成激素水平明显升高，子宫及卵巢均缩小，诊断为卵巢早衰。这让所有人都感到很奇怪，这究竟是什么原因呢？

在中医四诊中望诊是很重要的一个环节，而望面最为主要的也就是看人的脸色。之所以这样是因为每个人的脸色与身体健康有着密切的关系，身体健康的人，脸色红润，反映其气血充盈；而身体不适的人，脸色暗黄，反映其气血虚衰。一般脸色暗黄都是由心情紧张、抑郁、烦闷所引起的，不良的情绪会导致体内的某些营养物质消耗过多而出现不足，雌激素分泌随之减少，可出现月经稀发、经量减少或闭经的情况，继而体内代谢功能下降，面色暗黄。还有就是身体中隐藏着某种疾病的人，内分泌失调，代谢功能紊乱，代谢物排除不畅而致肌肤暗黄。因此，如果你的面色不佳、精神不振，就一定要引起重视，因为这可能不仅仅是你没休息好或者过于劳累，而很有可能是卵巢向你发出的警报。已婚育龄女性，每年应做一次妇科普查，面色欠佳应及时看医生。

卵巢早衰引起的脸色暗黄，最好的改善方法就是食疗。平时注意多吃些温热的食物，因为这些食物有气血双补的作用，而且，这种情况下不能操之过急，需要靠相应的食物与药物慢慢调养。

想要身体好，保持一个愉快的情绪是必不可少的，心情好，人的内分泌才会正常，所谓"笑一笑，十年少"，因为愉快的情绪可以促使体内卵巢分泌充足的激素，从而调节我们的皮肤和其他各个器官的功能，提升魅力。

卵巢早衰容易引起脸色暗黄，平时应多注意食用胡萝卜、菠菜、黄花菜、猪肉、牛肉等。

莫名而长期的胃痛、腹胀

随着现在工作压力的加大，人们的饮食和作息往往都很不规律，很多人因此而患上或轻或重的胃病。大多数人胃不舒服时，并没有当作一回事，而是随意找两片胃药吃。实际上，这样很容易忽略卵巢发出的警报，因为有的时候卵巢出问题也会影响胃，莫名而长期的胃痛、腹胀很可能是卵巢癌的症状。

卵巢癌是一种严重威胁女性健康的肿瘤，通常被称为女性"沉默的杀手"，占妇科所有恶性肿瘤的15%左右，可以发生于任何年龄。临床上可出现下腹不适、腹痛、腹部肿块、月经紊乱等症状。这种疾病早期没有任何症状，因而不易被人们觉察，近70%患者初诊时已经处于晚期。因此，如果女性经常出现胃痛、腹胀，吃胃药也不见好转，并且进行胃镜检查又查不出什么"毛病"，这就要考虑做一个卵巢方面的检查。从临床上看，排除了器质性病变后，久治不愈的胃痛、腹胀很可能就是卵巢癌的早期症状。

那么，卵巢癌为什么会与胃痛产生联系呢？卵巢深藏于骨盆内，

卵巢癌

胃痛、腹胀很可能是卵巢癌的早期症状。

这个特殊的位置有很多大血管和淋巴，供血非常好，这就为癌细胞的"游走"提供了有利条件。而胃部位于横膈膜之下，又是食物消化吸收的主要场所，营养丰富，与卵巢的距离又不算远，同时有研究显示，横膈为卵巢癌细胞转移的好发部位，在这种"便利的条件"下，癌细胞很容易"游走"到这里。

由于卵巢癌的转移能力非常强，所以，卵巢癌中晚期即便是手术后，复发率也很高，因而及早发现肿瘤，对其后的治疗也是大有好处。如果胃部长时间不适，就要积极去医院查清病因，以免贻误病情。排除了胃肠道病变后，再进行妇科盆腔和免疫血清检查，如B超、肿瘤标志物四项、妇科内诊检查等，以排除卵巢癌的可能。

与胃病症状相似的卵巢癌，一般在癌症确诊前36个月出现相关症状。久治不愈的胃病而胃肠道检查结果又呈阴性，应进行妇科检查。鉴于卵巢癌的危害，女性一定要多关注自己的身体。

痛经

痛经为女性月经前后或月经期间出现下腹疼痛的症状，严重者甚至影响生活和工作。目前有不少女性认为痛经不是什么病，忍一忍就过去了。实际上，痛经也有可能是卵巢囊肿惹的祸。

痛经分为原发性和继发性两类。目前认为，子宫内膜和血液中前列腺素含量增高是原发性痛经的主要原因。因为大量的前列腺素对子宫有兴奋作用，可以引起子宫平滑肌的强烈收缩，血管痉挛、子宫缺血或缺氧而产生较剧烈的疼痛，所以出现痛经。这种痛经多见于子宫发育不良、宫颈口或子宫颈狭窄等。继发性痛经一般是由盆腔炎、卵巢肿瘤或子宫内膜异位症引起的。月经期间因经血不能外流引起疼痛，与周围邻近组织器官粘连，使痛经逐渐加重。

其实，痛经与卵巢囊肿的关系非常亲密，月经期间如果经血不能顺利流出，就会产生逆流，逆行到卵巢之中，子宫内膜组织在卵巢内"生根发芽"，时间久了就会产生囊肿。而在来月经之时，就会使下腹产生疼痛，表现为痛经的症状。未生育的女性或是青春期的女性痛经，也可能是卵巢囊肿引起的。当然，卵巢囊肿并不是引起痛经的唯一原因，建议痛经的女性还是到医院去检查，做一下B超。

长期月经异常、气血虚弱

女性之美与月经同在，而月经异常与卵巢的衰老有极大的关系。卵巢早衰在10多年前是很少的现象，而现在月经量少甚至闭经的患者越来越多，而且呈低龄化趋势。不少人对月经异常并不在意，到月经不正常了，半年才来一次的时候才开始紧张，但那时也许你的卵巢已经出现病变了。

月经是女性的一种正常生理现象，是女人气血充盛的表现。气血是人体一切生理活动的物质基础，尤其对女人而言。女人如水，月经正常的女人，就像流水不腐一样，功能活跃，身体永葆年轻。在一般情况下，女性的月经量及其周期是比较稳定的。一旦经血少、不按时来甚至闭经，就如一潭死水，气不上行，血不下达，气血循环瘀滞，女人自然老得快。

一旦出现经血少、闭经，这有可能是女人开始衰老的信号。衡量女性的月经是否正常，一般可以从月经周期、月经期和月经量这三个方面进行判断。

月经周期

从月经来潮的第一天到下次月经来潮为止称为一个月经周期。绝大多数人为21～35天，但也有少数人短至20天或长达45天为一个周期，在上述范围内，只要月经有规律，均属正常现象。

月经期

月经期是每次月经持续的时间，多数人的月经期持续2～7天，一般为3～5天。

月经量

正常月经期的经量为30～80毫升，多数为50毫升左右，以月经米潮的第2～3天最多，以后逐渐减少。

月经正常是女性内生殖器发育正常和功能健全的表现。有少数女性存在着月经量多，或者几个月都不来的现象，这些现象称为月经不调。闭经、经量少，随之而来的是卵巢早衰、容颜衰老。20多岁的女人出现这种问题，会导致不孕；30～40岁的女人会导致加速衰老；40～50岁的女性会导致更年期大大提前，无论花多少钱化妆、保养，也无法回复原来的美丽。如果月经出现了异常，就说明生殖系统有不正常的现象，这可能预示着身体的内分泌系统等方面出现了问题。

所以，对于月经异常现象，女性朋友千万不能忽视。如果你的月经迟迟不来，除怀孕外，很可能预示着卵巢功能失常，这是卵巢早衰向我们发出的警报。预防卵巢衰老，及时治疗当然是最关键的。卵巢功能早衰会导致持续性闭经和性器官萎缩，使患者未老先衰，给其身心健康和夫妻生活带来极大痛苦。若是年轻女性还会导致不孕不育。

那么，女性在月经量少时应该如何保养卵巢呢？劳逸结合是关键。在这里我们提醒重压之下的白领女性，要学会自我调节情绪，合理安排生活节奏，做到起居有常、劳逸结合，工作之余不妨养花植树、欣赏音乐、打球等，以调和气血。此外，还应多吃瓜果蔬菜，保持维生素E、维生素B_2的充足摄入。

而在月经期，这个特殊的时间里，我们还要懂得自我保健。月经期间所用的卫生巾要干净，并经常更换，以防感染；不可洗盆浴，以免不干净的水进入阴道造成感染；要保持外阴清洁，每日用温开水清洗外阴一次；经期禁止性生活，以免造成感染及其他不良后果；月经期间应避免剧烈运动，如长跑、游泳等，也应避免过重的体力劳动。这些不是无稽之谈，如果月经不正常，势必会影响身体的其他方面，更别说是与月经息息相关的卵巢了。在月经期间护理好自己，就是给卵巢最好的呵护。

每个月关注着月经的情况，只有月经正常，卵巢衰老的警报才会解除，青春美丽当然伴随着你。

长期月经异常，气血虚弱者，要多吃一些含铁量高的食物，如动物肝脏、牛肉、动物血等。

莫名潮热多汗

潮热出汗是卵巢功能衰退典型的症状之一，是由于神经、内分泌失调所致。莫名潮热多汗表现为身体出现没有任何预兆的潮红、潮热、多汗等症状，每天发作数次或数十几次，工作、生活紧张时更明显。有的还伴有激动易怒、失眠、抑郁等症状。医学界认为，莫名潮热是由于女性卵巢功能衰退、雌激素水平下降，导致自主神经功能紊乱、神经内分泌失调所致，多见于50岁左右的女性。但是，现在有些30多岁的女性也会有这样的症状，而且人数呈现上升趋势。其实，这种症状的出现就是要告诉女性们应该对自己的卵巢有所重视了，因为这可能是卵巢即将衰老的征兆。

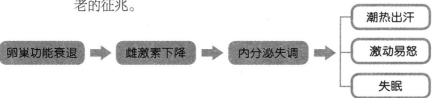

为什么会出现卵巢早衰的现象呢？因为年轻女性的很多不良生活习惯正在迫使卵巢提前衰老。

不良饮食习惯

一些偏食、嗜烟酒或节食、厌食的女性，卵巢早衰的发病率也会增多。还有部分年轻的女性由于小时候吃的食物中含有过多的雌激素，因而导致月经初潮的年龄提前，正因为如此，绝经也会提早。

晚育

年轻女性现在都喜欢晚育，然而首孕年龄越大，绝经也会越早。哺乳时间越长，绝经越晚。

穿塑身内衣

年轻女性追捧"塑身内衣"。但是这种内衣严重压迫包括卵巢在内的腹部脏器，导致其发育受限，卵巢容易受伤。特别是在少女时期长期穿紧身衣的话，不仅会影响发育，还会诱发乳腺增生或囊肿等疾病。

心理压力过大

现在生活节奏过快容易导致女性心理压力过大，从而促使女性提前出现隐性更年期的症状。据一项调查显示：在30多岁的白领女性中，有27%的人存在着不同程度的隐性更年期现象。她们自诉身心疲惫、体重飙升、失眠健忘、皮肤干燥、发色枯黄、月经紊乱等，有时还会厌倦工作，莫名其妙地病一场，服用大量保健品也无济于事，严重影响了自己与家人的生活、工作。

发生卵巢早衰后，大多数女性就会出现潮热、多汗、多梦、闭经、阴道分泌物减少、外阴萎缩等症状，甚至会导致不孕，因此应予以重视，尽早进行治疗。须引起女性注意的是，在治疗的同时必须加强自身保健，注重生活规律，工作劳逸结合，保证充足的睡眠、合理平衡的膳食、适度的体育锻炼，保持乐观的情绪对尽快康复很有帮助。

突然急速发胖

女性突然发胖，不少人觉得没有什么大不了的。其实不然，或许此时妇科疾病正在悄悄向你袭来，卵巢肿瘤常常是女性突然发胖的原因之一，多见于30～50岁的女性。另外，突然肥胖是多囊卵巢综合征的主要表现之一。多囊卵巢综合征是由于下丘脑－垂体－卵巢轴功能失调，破坏了相互之间的作用机制，因而卵巢长期不能排卵。从而导致闭经、月经稀发、不排卵月经，常伴有多毛、肥胖、不孕、双侧或单侧卵巢增大及一些激素水平的改变。所以如果你发现自己短时间内突然快速发胖，那就要提高警惕了。

为了避免出现上述问题，在日常生活中女性朋友一定要多加注意。记住良好的心态是抵抗疾病侵袭的关键，这在许多方面都已经得到了印证。轻松愉快的情绪使人的脉搏、血压、新陈代谢等各项指标都处于平稳协调状态，体

女性要善于调节情绪，学会用聊天、旅游等方式宣泄出来，这样可以防止卵巢肿瘤的发生。

内的免疫活性物质分泌增多，抗病能力较强。相反，不良情绪可以导致高血压、冠心病、溃疡病，甚至癌症的发生。所以女性要善于调节情绪，正确对待已经发生的心理冲突，有不良情绪时要学会用聊天、旅游等其他方式宣泄出来。

即使卵巢出了问题，也要用平和的心态看待，这对卵巢功能的恢复有很大帮助。卵巢早衰并不一定代表不能生育，虽然治疗上相对较难，但是经过治疗后还是有恢复的可能。治疗卵巢早衰的过程是使身体从病患状态恢复到健康状态的过程，因此要补充营养，注重营养的均衡。除了摄入足量的蛋白质外，还应摄入适量脂肪及糖类，同时应特别注意维生素E、维生素D，以及铁、钙等矿物质的补充。这些物质可改善皮肤弹性，延缓性腺萎缩的进程，起到抗衰老、提高免疫力之功效。另外，适当加强运动，也有利于促进新陈代谢及血液循环，从而保证卵巢的健康。

身体突然多毛

小李的皮肤一直很好，很是让同事们羡慕，但是到夏天的时候，小李发现自己的身体出现了可怕的变化：原本光滑的皮肤突然长出了许多毛，尤其是四肢和小腹上面，甚至连嘴唇上面的汗毛也加重了许多，这让小李倍感尴尬。在就诊时，医生告诉她之所以身体出现了这种变化是因为她得了"多囊卵巢综合征"，血液中水平偏高的雄性激素正是她毛发忽然发达的原因。一向认为自己很健康的她忽然感到疾病袭来的恐惧。

其实小李并不需要因此而感到过分的焦虑、紧张，因为严格地说，多囊卵巢综合征并不是什么"疾病"，而是一种症候群。在日常生活中，患者一定要注意保养卵巢，可通过正确的生活方式促使卵巢排卵，建立正常的月经周期。一旦月经周期正常，卵巢也不再产生过多的雄激素，多毛的症状也会随之消失。

阴道突然变得干涩

阴道干涩是很多女性在性生活中常见的症状，它会引起性交疼痛，影响性快感；久而久之还会导致性欲减退、性冷淡，最终影响夫妻关系。

引起阴道干涩的一个很重要的原因就是卵巢早衰。很多卵巢早衰的女性都会有阴道分泌物减少的症状，几乎没有白带，阴道干涩时有发生，随着卵巢早衰程度的加重，这种感觉会越来越明显。

阴道干涩的外在原因是由于外阴萎缩，变平或变薄，以及阴道变得较短、较窄，阴道壁弹性减弱所致。但是，卵巢分泌雌激素的减少导致阴道血流和润滑减少，是引起阴道干涩的重要原因。一般进入更年期的女性对这种现象深有体会。所以，一旦出现阴道干涩影响性生活的情况，不要盲目服用保健品，要找出真正的病因，才能将症状消除。

对由于卵巢早衰引起的阴道干涩，目前医学界最受关注的理论是"自由基理论"，即阴道干涩症状的出现在于机体的组织细胞对体内激素改变的敏感性增高，即使体内激素水平有很小变化，也会使卵巢陷于"瘫痪"状态。日常生活中，造成体内激素发生变化、导致自由基堆积的原因有内外两个方面：

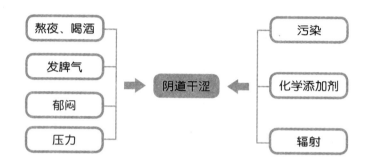

自由基堆积的原因

1	外部各种辐射，环境污染，化学添加剂等。
2	不良习惯，包括抽烟喝酒、经常熬夜、长期生活在紧张和压力中、整天愁眉苦脸、动不动就发脾气等，都会加速机体老化。

在这里要提醒各位女性：卵巢早衰固然可以采用补充雌激素的方法治疗，但应从月经发生改变时就进行调整，尽早恢复卵巢功能。同时，保持一个心平气和的好心态，不仅可以保养肌肤，更可保持"性"福。

性交时感到疼痛

性交疼痛是指夫妻性交时感到不适甚至疼痛，疼痛部位有时仅在外阴部，有时在阴道内，有的甚至还会影响下腹部、腰部、背部，疼痛持续时间也有长有短。一旦发生这种情况而不及时检查治疗，不仅会影响夫妻间的正常性生活，还会影响彼此的感情。

引起性交疼痛的原因很多，除了生殖器官和泌尿系统的各种疾病以外，还与女性的卵巢疾病有关。

例如卵巢巧克力囊肿，它是子宫内膜异位症中最常见的一类，由于这种囊肿内潴留的陈旧血瘀如巧克力糊状，故称为巧克力囊肿。患了巧克力囊肿的女性常有痛经、性交痛、经量改变等症状。性交时会感到剧烈的疼痛，甚至会出现经量增多、经期延长或经前点滴出血。囊肿一旦破裂，其典型症状为剧烈的刀割样的下腹痛，呈急腹症症状。疼痛常从一侧开始，后扩散至全腹，其剧烈程度常常超过其他原因引起的妇科急腹症，并往往伴有明显的腹膜刺激征，即腹部肌肉紧张、压痛、反跳痛。

另外，性交疼痛也有可能是卵巢肿瘤引起的。卵巢良性肿瘤约占全部妇科肿瘤的95%，恶性肿瘤占5%。一般来说，良性卵巢肿瘤并不影响性功能。

性欲下降

性欲下降指的是持续或反复的性欲望低下或完全缺乏，可分为完全性和境遇性。大多数完全性性欲下降者每月性生活仅一次或不足一次，但在配偶

雌激素

要求性生活时可被动服从；境遇性性欲低下只是在某一特定环境或某一特定性伴侣的情况下发生。性生活是夫妻恩爱的一种表现形式，只有男女双方拥有正常的性欲，生活才能幸福美满。可是随着年龄的增长，很多女性朋友性欲明显下降，这就会给夫妻间的感情带来一定的影响。

我们知道，女性脑垂体分泌的促性腺激素，可以调节卵巢分泌雌激素、孕激素等性激素的水平，对女性性活动起决定性作用。例如，女性在月经期前后，由于性激素水平下降，性欲相对变弱。而进入老年期的女性，由于卵巢逐渐萎缩，性激素水平明显下降，可引起性欲淡漠。

这些足以证明：性激素与性欲是密切相关的。所以女性性欲下降也是卵巢早衰发出的警告。

性欲的下降其实是复杂的相互影响的过程，例如，激素分泌减少、自我认识不正确、爱人之间关系恶劣、性敏感度减退等，还有些女性由于手术或阴道干涩而带来的性行为中的不适。

这里女性朋友们要明白一个问题，性欲的产生不单单源于生殖器官，它包括一个非常重要的因素，那就是心理。其实，可以把它看作性欲的调节器。视觉与心理上的刺激也能够引起性欲。然而许多患有卵巢早衰的女性由于过度的自卑及心理压力，抑郁等精神方面的病症随之而来，在很大程度上削减了"性趣"。情感对于性欲来说也非常重要，而且能够通过平衡激素及改变自我认识而得到调节，对于卵巢早衰也有一定的调节作用。

卵巢功能早衰若不及时治疗，任其发展，会使患者出现骨质疏松症、心血管病变及脂质代谢紊乱等疾病，夫妻生活质量也会受到很大影响。

要避免卵巢功能早衰，对普通女性而言还是要从生活方式上提早预防。首先，应该提倡产后母乳喂养，哺乳时间尽量延长。其次，要坚持喝牛奶，多吃鱼、虾等食物，养成坚持锻炼身体的良好习惯，而且自我调节情绪也比较重要。最后，睡眠对预防早衰也同样重要，良好的睡眠是身体健康的保证。

对于老年女性来说，决定她们性需求的主要是一些心理因素。例如对自己性能力有无信心，多年来夫妻性生活是否协调，有无其他心理障碍等。当然，老年女性的性生活以感情交流、爱抚、拥抱等为主，体会由夫妻关系的亲密所带来的欢乐，从而达到性满足。老年女性维持适当的性生活，可延缓卵巢等生殖器官的萎缩，有助于减缓卵巢老化。

经常情绪不稳、心慌多疑

卵巢早衰让许多年轻女性提早进入更年期状态，而且容易引发情绪的变化。因此，女性应提高警惕，积极预防卵巢早衰。

为什么卵巢早衰会引起情绪上的改变？因为当卵巢功能衰退时，无论是雌激素、孕激素，还是垂体促性腺激素都将发生一系列变化，它们会通过一定的神经作用机制影响着女性的心理活动和行为，引起一些情绪变化。而不良的情绪变化反过来又影响生殖激素的水平，并导致排卵抑制和周期紊乱。

通常认为，具有重大精神创伤、精神脆弱，经常争吵发怒，离婚及缺乏正常性生活的女性，在35岁左右卵巢功能比同龄人明显衰退得快。当这种由"情绪病"引发的卵巢早衰达到一定程度时，还会引发闭经。

女性朋友如果出现下述情绪症状时，就应该警惕起来：

过分敏感

总是把发生在周围的一些不愉快事件强行与自己联系

起来，经常懊丧、伤心、杞人忧天。

情绪紧张

经常对别人的某些行为和动作做盲目联系。心中的不平衡会迅速膨胀，情绪紧张。

盲目怀疑

对一些涉及其本身利益的事无端地盲目怀疑，一旦认定，愤恨的情绪就会急剧上升。

一旦出现以上的这些表现，我们就要多多关注自己的卵巢是否出现了问题，然后配合有效的措施进行改善。首先，需要配合医生的意见，做相应的卵巢治疗，或者服用一些激素来进行调整。其次，自身的情绪管理也是很重要的。女性朋友必须要端正认识，解除顾虑。注意劳逸结合，合理饮食，充足睡眠。适当参加文娱、体育及社交活动，以陶冶心情，锻炼身体。性生活也可以照常，无须忌讳。学会冷静思考，遇到有怀疑的地方，先不下结论。学会忍让，任何事物的处理都不可能是百分之百尽如人意的，不平衡的心态是客观存在的。同时，学会一些积极的心理防卫方法。在现在这个年代"阿Q精神"已经不再是人们的笑谈，精神胜利法对身心的健康还是很有益处的。

严重的失眠

有些女性到了晚上总是睡不着，或者很容易惊醒，这是什么原因呢？造成失眠的原因很多，卵巢早衰就是其中之一。在门诊中，绝大多数的卵巢早衰患者都具有失眠的症状，轻者入睡困难，重者彻夜难眠，并伴有潮热面红、烘热汗出、情绪激动，或神志异常、头昏、心悸、健忘等。那么，为什么卵巢早衰会影响人的睡眠呢？其实，这跟雌激素的关系很大。

　　从中医角度来讲，卵巢早衰多因肾气由盛渐衰，肾精衰竭，经血也随之衰少所致。如果久病不治，情绪抑郁，过度劳倦或感受外部病邪侵袭，就容易导致肾阴肾阳的平衡失调。由于肝肾关系密切，肾阴、肾阳平衡失调，肝也会失去滋养，肝血不足，必致心脉空虚，血不养心，心神失养而失眠；而情绪抑郁，肝失条达，气机失调，则导致心气瘀滞，血行不畅，致心神不宁，夜不能寐。

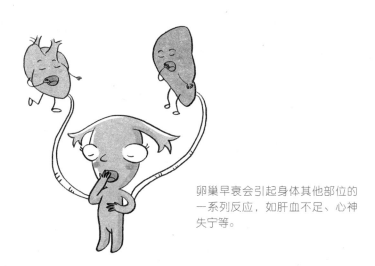

卵巢早衰会引起身体其他部位的一系列反应，如肝血不足、心神失宁等。

　　因此，在治疗卵巢早衰引起的失眠时，要注重调理脏腑，治本以调经，尤其要注意填精养血、调肝疏肝、养心宁神，以缓解卵巢早衰引起的失眠多梦症状。

　　而在平时的保健中，女性要做好以下几方面：以清淡而富含蛋白质、维生素的饮食为宜。参加气功、太极拳等强调精神力锻炼的运动，提高神经的调节能力。生活有规律，定时休息。晚餐不宜过饱，睡前不饮茶、咖啡等刺激性饮料。也可以适当地选择一些保健食品，会有很好的调节神经的作用。

对于卵巢早衰引起的失眠，适当的运动可起到很好的缓解作用。平时可多进行瑜伽、太极拳、慢跑等运动。

无法孕育宝宝

为什么有些女性会不孕或早期流产呢？调查显示，在排卵障碍、输卵管功能障碍、子宫内膜异位症、免疫性不孕等众多因素中，排卵障碍占了25%～35%。无法排卵就无法怀孕，这是大家都会明白的道理。排卵障碍包括完全没有排卵、很少排卵或是不规则排卵，常会发生在那些闭经、月经稀少或是月经过多的女性身上。但排卵障碍也可发生在月经周期正常的女性身上。如无排卵性功能失调性子宫出血就可表现为月经周期规律。而大家都清楚，排卵的工作都是由卵巢来完成的，所以，我们要警惕卵巢的排卵工作障碍对怀孕所带来的影响。

排卵的工作是由卵巢来完成的，如果卵巢不排卵，就会导致不孕。

由于怀孕的早期必须依赖黄体酮的维持，而黄体酮的主要来源是卵巢的黄体。如果在怀孕的第7～9周没有足够的黄体酮支持胚胎发育，就很容易引起早期流产。另外，一旦卵巢的功能发生了变化，或是因为疾病影响，都会导致不孕症。有一位女士，30岁，婚后三年一直未孕。然而月经量越来越少，月经周期越来越长，近于闭经，人却逐渐肥胖，毛发变粗变浓。经检查，发现其双侧卵巢增大，内分泌测定：雄激素、促黄体生成素偏高。诊断为多囊卵巢综合征。

由此可见，不孕症的发生与卵巢的关系密切，我们绝不可以掉以轻心，引起女性不孕的原因：

局部因素

如先天性无卵巢或幼稚型卵巢、卵巢功能早衰、多囊卵巢综合征、卵巢颗粒细胞瘤、卵泡膜细胞瘤、卵巢母细胞瘤等可以影响性激素分泌及排卵。

全身因素

重度营养不良，重要营养因素的缺乏，慢性疾病、代谢性疾病，如甲状腺功能低下或亢进、糖尿病、肾上腺功能紊乱等均能导致卵巢性不孕。另外，下丘脑－垂体－卵巢轴功能紊乱，垂体肿瘤或瘢痕都可以引起卵巢功能失调而导致不孕。

卵巢功能早期衰竭也会导致卵巢性不孕，该病又被称为早期绝经综合征，主要表现为女性的卵巢功能过早停止活动。一般情况下，女性在45岁左右卵巢功能逐渐停止活动而绝经，但是本病的患者在30~40岁的时候其卵巢功能就逐渐停止而绝经。有的女性可能出现月经失调继而出现绝经，有的女性则突然闭经，半数以上患者会出现面部潮红、发热等一系列的症状。

因此，想要避免不孕症，就要避免卵巢早衰的发生。女性应定期检查性激素和子宫内膜，以及时发现疾病，提高受孕机会。

更年期提前

更年期和每个女性都有一个约会。但是，对于一些女性来说，这个约会来得有点早。现代社会生活节奏快、压力大、职场竞争激烈，使得越来越多年轻女性提早出现更年期症状。

据最新调查数据显示，女性更年期症状出现时间均提前了5年，40岁以下的占了20%，且绝大多数都是白领女性。在30~40岁的白领女性中，27%的人存在着不同程度的隐性更年期症状。隐性更年期一般都出现在真正的更年期以前，以自主神经功能紊乱为主。所谓自主神经，其最大的特点就是不受意志支配，如心跳的快慢、血压的波动、体温的高低等，都不受人意志的控制而改变。

更年期是女性一生中必经的生命阶段，是指女性从有生育能力过渡到无生育能力的过程，一般始于45岁以后。但现在，很多女性在30多岁就开始出现更年期的症状，这可以称之为隐性更年期。很多女性认为，提前绝经并不是坏事，甚至认为省去了很多麻烦，而事实上，这严重影响了女性的全身健康，应该及时治疗。

更年期提早到来与卵巢功能早衰有关。卵巢功能早衰的发生率为0.9%~3%，这已经是一个比较高的数字了。发生卵巢功能早衰的人群中，约有70%的人都是先出现月经的改变，比如经量减少或者间隔时间变长等，只有极少数的人是突然不来月经了。而月经的异常和停止就标志着身体走向衰老。

更年期到来后，雌激素分泌减少，这不仅影响生育、性生活，还导致许多疾病的发生。女性绝经后，心脏病的死亡率排在第一位。雌激素水平的低下还会提高心血管病的发生率及死亡率。有些女性的牙齿早早就脱落了，皮肤开始迅速老化，阴道弹性变差，黏膜变薄，易出血感染等。

能否延缓更年期的到来，也是能否永葆青春的关键。通过卵巢保养激发自身雌激素的分泌，而不是药物性的雌激素，可使机体抗衰老能力增强，从而维持正常的生理所需，延缓衰老。因此，白领女性要及时关注自身卵巢功能变化，及早干预，使卵巢衰老放慢脚步，延缓衰老。

日常生活中，更年期女性可多吃杂粮以及新鲜的水果、蔬菜等，这些都有利于稳定卵巢功能。必要时用药物

进行激素补充治疗，可以维持女性的生理特征，保持乳房坚挺和皮肤弹性，保证夫妻间的性生活质量等。如果需要服用药物补充雌激素，一定要先咨询医生。

导致月经不调的五大杀手

月经不调是女性常常会出现的症状之一，长期月经不调的女性如果没有及时治疗，很容易导致其他疾病的产生，那到底是哪些因素诱发了月经不调呢？

压力

正值生育年龄的女性，如长期压力过大、生闷气或情绪不佳，会抑制下丘脑－垂体的功能，使卵巢分泌雌激素减少及不排卵，月经就会紊乱。

贪凉

女性经期受寒，会使盆腔内的血管过度收缩，导致卵巢功能紊乱，可引起经量过少，甚至闭经。

便秘

便秘可能会引起女性月经紊乱。直肠内大便过度充盈后，子宫颈被向前推移，子宫则向后倾斜。如果长时间反复发生子宫后倾，阔韧带内的静脉就会受压而不畅通，子宫壁会发生充血，并失去弹性，引发腰痛、月经紊乱。便秘还会引起体内的毒素积聚，导致内分泌失调、卵巢早衰。要多喝水，保持每天排便。

滥用药

滥用或经常大量使用抗生素，对女性而言可能致月经失调、排卵障碍、闭经，因为这些药物抑制、伤害了人体自身的抵抗力，导致了机体功能障碍。俗话说"是药三分毒"，要选择正规药品，遵医嘱按标准剂量服用。

电磁波

各种家用电器和电子设备在使用过程中均会产生不同强度的电磁波，会对女性的内分泌和生殖功能产生坏影响，导致内分泌紊乱、月经失调。女性朋友应尽量避免电磁辐射的影响，比如卧室内不要放电视机。

危险，这些人的卵巢易生病

月经初潮过早者

青春期，是小女孩成长、蜕变并步向成熟必须经历的时期。随着青春期脚步的靠近，女孩子卵巢的发育逐渐成熟，雌激素的分泌也逐渐增加，生殖器官的各部分也逐步向成熟期过渡，这时候月经就会开始来潮了。

许多人都会认为月经来潮就标志着性成熟了，其实不然。女性的生殖系统有阴道、子宫、输卵管以及卵巢。而在生儿育女的过程中，起着关键作用的是卵巢。卵巢的功能情况才是真正反映性成熟与否的标志。

其实在月经初潮时，卵巢发育并未成熟，其重量仅是成熟卵巢的1/3；其功能极不稳定，好像一个蹒跚学步的孩子，跌倒是常有的事。所以青春期的月经周期往往极不规则，可能1~2个月来潮一次，或3~5个月才有一次月经，只有在一年或稍长时间之后，才会有每月一次的规律月经。

当卵巢发育并不成熟时，其功能极不稳定，就像一个蹒跚学步的孩子经常会跌倒。

月经初潮的年龄因人而异，从9~18岁不等，大多数人月经初潮的年龄为12~14岁。若是月经初潮时间不在这个大致的范围内，明显推迟或提前都要引起重视。因为来潮过早并非仅仅是月经的问题，可能涉及许多其他的疾病。

随着卵巢的发育成熟，其排卵功能也同样不断地趋于成熟。月经初潮阶段，卵巢尚无排卵功能，一般女子在初潮后一年内始有卵子排出，部分女孩更延至2~3年后才开始排卵，这也属于正常范围，在生理学上称为正常生理不孕期。此后，卵巢逐渐发育而增大，并形成了各个时期的卵泡，在解剖上可见到卵巢表面凹凸不平，从而开始其真正成熟的周期性功能活动——每月排卵一次，并不断分泌各种内分泌激素，使内外性器官得以迅速发育。这时，才算成为一个名副其实的女人。

月经初潮　　　　　初潮后1~3年　　　　　周期性排卵

另外，卵巢早衰、女性更年期年龄也与女性的月经初潮年龄有关，初潮时间越早，往往绝经的时间也越早。卵巢功能早衰对女性机体的影响是很明显的，由于雌激素水平过早地衰退，可导致月经紊乱、绝经等症状，出现一些本该绝经期才出现的代谢紊乱。

月经初潮过早有很多不利影响，那么我们要如何避免呢？月经初潮过早有很多原因，例如抑郁症，加拿大有关医学研究表明，月经初潮过早可能与青少年抑郁症有关。因此，家长就要对处于青春期的女孩多加关注。另外，在日常生活中，一些食品、保健品常常含有雌激素的成分，而这恰恰是月经初潮过早的罪魁祸首。过多食用含有雌激素的食品，会使女孩月经初潮过早来临。一些动物脂肪中也含有雌激素成分，大量食用，也会使女孩发育提前。值得引起人们重视的是，有些人在饲养肉鸡、鱼类时，加入性激素以促使其快速成长，如果食用这样的食品，也容易引起女孩月经过早来潮。

在我们日常的食物里经常含有人为添加的过量雌激素，女性经常食用这些食物，容易引起月经过早来潮。

绝经过晚者

也许有人会有这样的疑问，更年期提前到来与卵巢功能早衰关系密切，并会严重影响女性健康，那如果绝经晚者是不是就说明卵巢功能就很好了呢？或者说是不是绝经越晚越好呢？

正常情况下，月经规律，意味着卵巢功能正常，而卵巢功能正常与否又直接关系着女性的健康美丽。一旦卵巢功能衰竭，月经告别，就意味着身体开始进入老年期。所以过早绝经是许多中年女性的烦恼，但是如果因此认为绝经期越晚越好，就走进了另一个误区。

女性的绝经年龄受很多因素的影响，个体之间存在很大差异。这是很正常的现象。由于卵巢功能只有30年左右的旺盛期，40岁以后功能就开始逐步下降，这是自然规律，任何人都不能违背。95%左右的女性绝经发生在55岁之前，但55岁以后尚有月经者也不乏其人。排除病理因素，绝经推迟，说明卵巢功能持续时间长，对维持女性内分泌平衡和延缓身体衰老确实是有益的，但这只能说明每

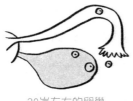

30岁左右的卵巢　　　　40岁左右的卵巢　　　　50岁左右的卵巢

个人的卵巢有自己的盛衰进程罢了，不会与自然规律有很大的出入。

如果55岁之后还没有绝经，还伴有月经量过多、经期过长或经期以外的不规则阴道出血的情况；或是腹部触到了包块；又或是出现了胡须、声音变粗等某些男性化体征等，则需高度警惕是否患有卵巢肿瘤。因为，绝经年龄过迟可能是卵巢肿瘤的信号。

因此，出现绝经过迟的现象时，最好进行妇科盆腔检查，如果存在卵巢肿瘤，可发现患侧卵巢增大；同时还要进行B超检查，必要时需做盆腔CT扫描。当B超或CT检查确诊为卵巢肿瘤后，还应抽血检查卵巢肿瘤标志物及性激素水平，以作进一步的诊断。

得过卵巢疾病者

很多女性常常过多地关注自己的外在容貌，却因工作繁忙忽略了自己身体内在的健康，更别说重点关注卵巢了。而往往在我们不经意间，卵巢早已被"病菌"所侵入。卵巢体积虽小，却是疾病的好发器官。

对于青春期少女来说，卵巢疾病是最容易被忽视的。青春期是卵巢发育成熟、功能旺盛时期，这个时期卵巢细胞增长迅速，极易受到体内外各种因素刺激，发生卵巢囊肿。少女如出现早熟、月经不规则、尿频、腹部剧痛、腹部包块等症状时，父母应及时带孩子去医院进行检查，千万不要延误时机。早发现，早治疗，才能减少对卵巢的伤害。

对于成熟的女性来说，卵巢的健康更是不容忽视。卵巢一旦发生病变，就会导致女性生理功能的衰退，引发诸如内分泌紊乱、黄褐斑、月经失调、身体曲线变形、局部脂肪堆积、情绪易于波动、精神状态欠佳、性冷淡等一系列症状。

卵巢的疾病要早发现早治疗，女性朋友可以通过生活中的一些细节来判断卵巢疾病的先兆。比如在清晨醒来时，空腹并排空大小便，在床上仰卧，屈膝，腹部放松，用手指按压下腹部，尤其是两侧，仔细触摸有无包块。或者观察有无腹胀、便秘的倾向，有无阴道异常出血、小便频数、腰痛等现象。如果出现这些现象应立即就医。因为许多妇科病都没有早期症状，女性朋友一定要重视卵巢的保护，每年至少要做一次全面的妇科检查。

小时候得过腮腺炎者

腮腺炎是一种流行性疾病，多见于1~15岁的儿童，是一种由病毒引起的急性呼吸道传染病。腮腺炎是由腮腺炎病毒侵犯腮腺引起的，病毒可侵犯到各种腺组织、神经系统，其对人体的严重危害不在于疾病本身，而在于它的并发症，如脑膜炎、睾丸炎、卵巢炎等。在引起卵巢早衰的原因中，腮腺炎占有很大一部分比例，然而，又是最容易被忽视的。

提到腮腺炎，许多人都能回忆起小时候腮部肿起来时，家长把捣碎的仙人掌敷在脸上的经历。在一项研究中，专家对某门诊98位确诊为卵巢早衰的患者进行了调查，调查结果显示，14个与卵巢早衰相关因素中，腮腺炎排在前列。另外一些因素是我们经常提到的，如情绪激动、吸烟、过度减肥、药物史等，但腮腺炎很少被提及。在这98位患者中，绝大多数小时候都曾经得过腮腺炎，却很少有人知道，腮腺炎所引发的卵巢炎会对女性的卵巢造成很大的伤害。如果腮腺炎没有及时治疗，很有可能在成年后表现出来，引起月经紊乱、卵巢早衰，甚至不孕等。

预防卵巢病变，腮腺炎的预防也必不可缺。女性在儿童时期就应该接种腮腺炎的疫苗。一旦得了腮腺炎，一定要及早治疗，避免并发症的发生。对于曾经得过腮腺炎、如今已经成年的女性来说，如果在40岁之前出现月经稀

发、闭经乃至一些更年期症状时，一定要警惕卵巢早衰的发生。

得过子宫附件炎者

女性内生殖系统中，一般把输卵管和卵巢统称为子宫附件。子宫附件炎是指输卵管和卵巢的炎症，以输卵管炎最常见，输卵管一旦发生炎症，很容易波及卵巢，引起卵巢脓肿、输卵管卵巢炎等。子宫附件炎往往发生在分娩后或在施行人工流产术后。由于分娩或流产的原因，女性的抵抗力下降，病原体经生殖道上行感染并扩散到输卵管、卵巢，继而感染整个盆腔，引起盆腔炎症。

子宫附件炎分为急性和慢性两种。以慢性附件炎多见，常常是由急性炎症转为慢性，也有的急性炎症过程不明显，一般初诊就已经是慢性的了。

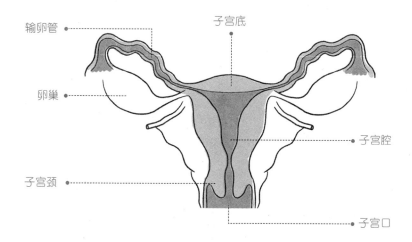

输卵管　　　　　　　　　　子宫底
卵巢
子宫腔
子宫颈
子宫口

引起急性附件炎的罪魁祸首是感染，分为外源性病原体感染、内源性病原体感染或是混合性感染。急性附件炎的治疗最重要的是要及时，要在最短的时间内消灭病菌。同时一定要彻底治愈后，再进行巩固治疗，不能半途而废，否则急性附件炎就会转成慢性，这样不利于治疗，而且当抵抗力下降或身体劳累时很容易造成慢性附件炎急性发作。

所以急性附件炎要在发病初期就应规范及时地治疗，以免后患。在急性附件炎发病的时候，要避免同房。

急性附件炎的表现

1	寒战、高热、恶心、呕吐等。
2	持续性下腹痛、腰痛、月经期加重等。
3	分泌物增多、经期外出血、排尿困难或尿频、尿痛等。

慢性附件炎一般都是由急性附件炎或盆腔炎迁延形成的，急性附件炎在不治疗、治疗不彻底、间断治疗后，都容易把病情迁延成为慢性的。慢性附件炎也可能发生在产后、流产后、各种妇科手术后，以及在放置宫内避孕器之后，让细菌得以进入创面使之感染而得病。

慢性附件炎与急性附件炎相比，给女性带来的伤害更严重，因此女性朋友应该了解慢性附件炎的相关知识，慢性炎症反复发作，迁延日久，使盆腔充血，结缔组织纤维化，盆腔器官相互粘连。慢性附件炎患者会出现低热、月经不调、下腹部坠胀、疼痛，以及腰骶酸痛等症状，且往往在经期或劳累后加重。妇科检查时双侧或单侧附件区有压痛、增厚感，或出现压痛性的包块，白细胞数目升高或正常。

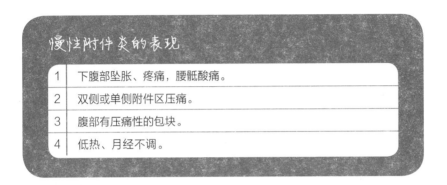

慢性附件炎的表现

1	下腹部坠胀、疼痛，腰骶酸痛。
2	双侧或单侧附件区压痛。
3	腹部有压痛性的包块。
4	低热、月经不调。

想要预防慢性附件炎的发生，首先要尽量少穿牛仔裤和化纤内裤；其次，要科学清洗外阴，还要避免做人工流产；最后，不要盲目地节食减肥，须让体内脂肪占体重的22%。

女性平时应尽量少穿牛仔裤和化纤内裤，以预防慢性附件炎的发生。

子宫切除者

子宫是女性的特征之一，也是女性重要的生殖器官，是维持月经来潮和保证女性生育能力的物质基础。子宫与卵巢的关系就好比"肝胆相照""唇亡齿寒"那样密切。同为生殖系统，担负着共同的"责任"，当一方有了意外，另一方总是不可避免地受到牵连。所以，呵护卵巢，不能忘记了呵护子宫。

我们不要分开。

由于卵巢血运供应有相当一部分来自子宫动脉上行支，因而女性子宫全切除术后，可能会影响卵巢的血液供应，从而引起卵巢功能发生衰退。由于卵巢功能衰退，血清雌激素水平也会降低。一般子宫切除的女性，性欲会有所下降，房事的次数会减少，房事高潮也比较难出现。

子宫切除对女性性生活的影响

1	子宫切除后由于阴道残端愈合时常有炎性肉芽增生而导致性交时出血，出现性交痛。
2	子宫切除后阴道缩短及因雌激素水平下降会导致阴道干涩，造成性交疼痛。
3	部分宫颈的切除破坏了子宫、阴道神经丛末梢从而导致性反应降低、性高潮困难。

心理上的变化也同样影响术后女性性生活质量。部分病人由于过分担心不能再生育、丧失性功能等，严重影响夫妻生活和工作，产生抑郁、焦虑等情绪。

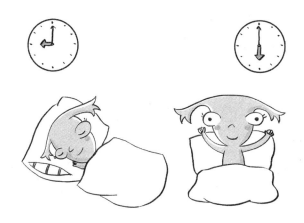

女性子宫切除后，一定要好好调养，养成良好的生活习惯，早睡早起。只有休息好，身体才能恢复得快。

子宫切除术后须知

1. 手术后半年内避免重体力劳动，可适当使用束腹带。

2. 3 个月内勿久坐、下蹲等易增加腹压的运动，以免造成盆腔内瘀血。

3. 如厕后，由前往后擦拭以避免感染；每日观察伤口是否有红、肿、热、痛或不正常的分泌物，如有异样应尽快去医院就诊。

4. 注意加强营养。应选择高质量蛋白质、B 族维生素含量高的食物，如牛奶、牛肉、猪肉、鱼类、豆类等。但要避免油腻的食物，因为会造成脂肪堆积，使伤口不易愈合。

5. 适量运动，提高身体素质。

6. 养成良好的生活习惯。早睡早起，不要熬夜。

7. 树立信心，保持心情愉快。

一生未孕者

任何一个完整健康的器官，都有自己的责任和使命。卵巢天生就是为了女性生育演变而来的，可是偏偏会有很多人主动或者被动放弃了上天赐予的这份权利。与此同时，卵巢也会反过来给女性带来一些麻烦。已经有大量的研究表明，一生未孕的女性身体免疫力要比生育过的女性下降10倍。一生未孕的女性很容易患妇科肿瘤，其中卵巢癌的发病概率也会高出很多。

目前有学者提出持续排卵的假说，简单来说，就是因为卵巢的每一次排卵和修复过程都像是在不停地勤劳工作，当然会造成消耗和损害。但妊娠期间就像是给卵巢放了长假，卵巢开始停止排卵，产后哺乳期卵巢也有一段时间不排卵，因此生育过程能让卵巢得以暂时休息和养护。同时，怀孕时女性体内会产生一种卵巢癌的抗体，它是卵巢癌最强大的敌人，会降低女性患病的几率。

终身未孕、多次流产、卵巢良性肿瘤病史都可能是卵巢癌的诱发因素。其中，终身未孕的女性是卵巢癌高危人群。终身未孕的女性从未给卵巢放过假，卵巢就像工人因工作量太大而"疲惫不堪"，卵巢癌会伺机而至。因此，没有生育过的女性要多运动，增强身体的免疫力，可降低患卵巢癌的风险。

在治疗上，早期卵巢癌可以做手术，但要视具体病情具体对待。除了手术治疗，还可以在化疗的同时辅助进行中药治疗，都能取得不错的疗效。

从未哺乳者

乳房不仅是女性性征的重要标志之一，同时也是女性韵味的体现。乳腺的腺体结构和功能类似汗腺。乳腺自胚胎期开始发育，会依次经历胚胎期、幼儿期、青春期、妊娠期、哺乳期和老年期的变化，各时期的乳腺改变都是在内分泌的影响下完成的，即随着卵巢的周期变化而发生相应的变化。

因此，乳腺主要依靠卵巢激素对其进行调节。卵巢分泌的雌激素是乳腺发育所需的基本激素，也是乳房肿瘤发生的刺激因子。有研究显示，雌

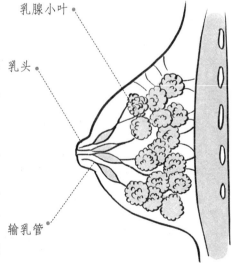

乳腺小叶

乳头

输乳管

酮和雌二醇的异常增加与雌三醇的缺乏是乳腺肿瘤的发病原因之一。而男性几乎很少有乳腺肿瘤疾病的发生，患病概率为女性的1%，这可能与男性无卵巢器官有关。

通常来讲，乳汁的分泌是激素支持下的生理活动。意思就是，体内的雌激素、孕激素和催乳素都应该维持在一定的水平，否则，很可能患上卵巢方面的疾病。

正常女性：体内的雌激素、孕激素水平随月经周期波动。

怀孕后的女性：在胎盘激素的作用下，垂体就会开始分泌大量的催乳素，可以有效促进乳腺发育，为哺乳做充足准备，这时体内雌激素、孕激素含量较多，能够抑制乳腺分泌，所以女性怀孕时一般不分泌乳汁。

分娩后的女性：随着胎盘排出，体内的雌激素和孕激素水平下降，催乳素发挥启动和维持泌乳作用，这个时期女性就分泌乳汁来喂养孩子了。但是，如果女性这个时候拒绝哺乳，就容易造成体内内分泌紊乱，进而会影响卵巢的生理功能。

已经生育却拒绝哺乳，甚至是哺乳时间短，或只用一侧乳房哺乳的女性，都有可能对乳腺产生一定的不良反应，进而影响到卵巢，严重者可能导致卵巢早衰。因此，女性生育后正确哺乳，并保持乳腺的通畅，不仅对乳腺癌有预防作用，还顺应了人体需要，不会影响卵巢的功能。

另外，母乳哺养超过3个月会降低乳腺癌的发病率。世界范围内平均每3分钟就有一位妇女被诊断为乳腺癌。其中不生育或生育不哺乳的女性乳腺癌的发病率明显高于已生育的哺乳妇女，而生育过并进行母乳喂养的女性，乳房腺体腺管因婴儿的吮吸能更进一步得到伸展，从而降低了乳腺癌的患病风险。

母 乳 喂 养 的 好 处

母乳喂养不仅是婴儿赖以生存的最佳途径，对女性身体健康也有诸多好处。

母乳喂养有助于减肥

哺乳可消耗母亲体内额外的热量，促进新陈代谢，减少皮下脂肪的蓄积，不用节食就能达到减肥的目的。

母乳喂养有助于丰胸

产后哺乳能够促进母体催乳素的分泌，而催乳素会增强乳房悬韧带的弹性，减少发生乳房下垂的可能。哺乳过程中，婴儿吸吮乳头的动作还可以刺激母亲乳腺组织，乳腺组织接受外界刺激越多就越发达，这与肌肉运动越多越结实的道理一样，因此，坚持母乳喂养的母亲在哺乳期后乳房会变得丰满。

母乳喂养有助于恢复体形

产后母体进行着复杂的生理性复旧改变，尤其是生殖系统的复旧。母乳喂养，特别是早哺乳，可促进神经垂体释放催乳素，有助于产妇子宫复原、体形恢复，并且保护母亲不受一些疾病的侵扰。

母乳喂养有助于降低患乳腺癌的概率

与从未哺乳的妇女相比，哺乳期超过 25 个月的妈妈们患乳腺癌的概率要降低 1/3。此外，哺乳还可预防卵巢肿瘤、缺铁性贫血、尿路感染、骨质疏松等疾病的发生。

案例Q&A

Case1 卵巢早衰的预防

患者提问

我是一名教师，今年30岁。作为班主任，平时的工作比较忙碌，近来觉得情绪总是很不稳定，暴躁、易怒，对待学生、孩子以及老公常常失去以往的耐心。皮肤也觉得干燥，没有了以往的光泽，月经也来得很少，不适症状颇多，虽然卵巢早衰症状还不是很明显，但是由于我平时就比较敏感，因此没有迟疑地就去医院进行了检查，得出的结论是我有卵巢早衰的倾向。我很恐惧，不知卵巢早衰到底还会给我带来多少麻烦，我又该怎样治疗和防止它继续老化呢？

医生解答

很高兴能为你解答你心中的疑惑。

首先，身体出现卵巢早衰的症状时不要过分担心，只要在日常生活中稍加注意并通过合理正确的治疗，一般是会痊愈的。

那么，在日常生活中要注意些什么才能加快病情恢复呢？

强健身体，娱乐身心

坚持体育锻炼，增强体质，是女性保持旺盛生命力的最直接的途径。健康的身体能有效保证全身各器官正常工作与互相协调作用，保证体内神经和内分泌系统功能正常，自然可以有效减缓卵巢的衰老。

精神放松，尽量保持心情舒畅，这是保养卵巢一定要牢记的。特别是现在你由于工作过度劳累而出现卵巢早衰的现象。你一定要以积极的心态对待病情，消除无谓的忧虑和恐惧感。同时，采取积极有效的心理调节方法，还要善于从家人那里得到安慰与鼓励，这样可以让你压抑的心情得以缓解。

食养调理

注意日常生活饮食，保证摄入足够的营养成分，可以帮助你获得维持卵巢生理功能的必要营养。适当多吃一些富含优质蛋白质、B族维生素、铁、钙等食物，如鸡蛋、猪肝、牛奶、豆类及其制品、新鲜蔬菜、蘑菇、木耳、海带、紫菜、鱼类等。同时，还要保持饮食清淡，不要过腻、过咸、过甜。饮食有规律，按时进餐，不暴饮暴食。

性爱滋润

首先，性爱可以促进女性雌激素的分泌。在夫妻做爱时，女性雌激素的分泌会增加，有利于维持女性的生理调节。其次，性爱能缓解痛经，有利于卵巢的健康。另外，性爱有利于消除卵巢内细菌。精液中所含的精液胞质素有近似青霉素的杀菌作用，对阴道炎、宫颈炎、子宫内膜炎、输卵管炎等疾病都有抑制作用。

Case2 中西医结合更有效

西医医院　　中医医院

患者提问

我是一名卵巢早衰的患者，已经在医院得到了确诊，但是在关于如何治疗的问题上我现在还犹豫不定。总是听说西药治疗见效快，但是缺点就是不良反应大，对身体不太好，而中药治疗则是见效慢，却不伤身体，所以我更倾向于中药治疗，只是不知对于卵巢早衰来讲，寻求中药治疗是不是最好的选择？

医生解答

很高兴能为你提供帮助。

当今社会，由于工作和生活等方面的压力，患有卵巢早衰的人越来越多。卵巢早衰并不可怕，关键是你要以积极的心态去配合治疗，这样才能很快地好转。对于卵巢早衰的治疗是采用中医还是西医方案，这要依个人的病情而定，下面我就介绍下中医与西医的不同之处，以方便你参考。

在中医范畴内，卵巢早衰多为肾气虚、天癸竭、气血虚引起，其主要原因为肾虚。治疗卵巢早衰的中医方法主要采用补肾健脾法、补肾疏肝法、补肾活血法和补肾养阴法。

补肾健脾

调经之要，贵在补脾胃以滋血之源，养肾气以安血之室。尤其在改善患者潮热多汗、阴道干涩等绝经期症状方面疗效显著。

补肾疏肝

卵巢早衰主要从肝入手，选用具有益肾养肝、调补气血、活血通经之功的中药治疗，促使卵巢排卵功能的恢复。

补肾活血

应采用具有补肾活血、化瘀补肾、益精血的中药，使冲任通畅，经水满盈，自通而下，可有效缓解临床症状，能诱导排卵成功。

补肾养阴

女性以血为主，"有余于气，不足于血"，故治疗应重在补肾养阴。可采用补肾养阴方以及补血调经汤来调理。补精血以维持身体阴阳平衡，是治疗卵巢早衰的根本。

综上所述，我们可知补肾健脾法、补肾疏肝法、补肾活血法和补肾养阴法四大法是治疗卵巢早衰的中医方法中最为行之有效的。

与中医方法相对的西医治疗，则是从不同的角度入手，采取不同的方法来进行调理和治疗的。

雌激素治疗

卵巢早衰患者在大多数的情况下是因为体内雌激素缺乏导致的，而且雌激素有刺激卵泡发育的作用，还可间接促进或抑制促性腺激素的释放，因而可以影响卵巢功能。因此，补充雌激素的治疗方法在一定程度上效果很好。

免疫治疗

查明有抗体因素存在者可行免疫治疗。注射免疫疫苗也是一种较可靠的治疗手段。

手术治疗

对于因卵巢血管因素导致卵巢营养缺失而产生该病症的患者，在治疗的过程中，可以选择在卵巢功能丧失前尽早进行血管搭桥手术，如将卵巢动脉与肠系膜下动脉或肾动脉等吻合，恢复卵巢血管供应，使卵巢再现生机。

现在医院治疗卵巢早衰的方法很多，往往不再是单一的中医治疗或西医治疗，中西医结合是最佳的选择。你可以根据自己的情况，去咨询一下主治医生，以明确哪种方式比较适合你的病情。

Case3 卵巢囊肿手术后的呵护让你更美丽

患者提问

我是一名白领，前几天刚刚做了卵巢囊肿手术，当时医生告诉我手术后要注重保养，但是我不知道这种手术到底对身体有没有什么严重的伤害，更不清楚在手术后应该做些什么，是不是需要注意的事情很多？冒昧给您写了这封信，希望能得到您的一些指点。

医生解答

很高兴为你解答疑惑。

事实上，每个女性都有可能存在卵巢囊肿，只不过程度不同，在一般情况下，囊肿是有可能自行消失的，但是如果没有消失，反而渐渐增大，那么，一般就需要进行手术治疗。

虽说这种手术不见得会是多么复杂，但是毕竟是在身上开过口留过疤的，对身体也会有一定的损害，尤其是对卵巢本身的伤害更大。因此，在卵巢手术后，一定要注意调养，以便身体及时恢复。

接下来，就给你介绍一下关于卵巢手术后应该注意的几个方面。

饮食方面

手术后应避免食用油腻的食物。应多进食粗粮。少吃激素类食品、高脂肪食品和精加工食品，如大豆、蜂王浆、罐头等。因为脂肪会形成堆积，使伤口不能快速愈合，同时伤口对细菌的抵抗能力也会减弱。另外，也不要吃容易胀气的食物，比如洋葱、豆制品和高丽菜等。

适量增加优质蛋白质的摄入量。蛋白质可以帮助伤口快速愈合，增加体力。可以选择鱼类，因为鱼肉比较容易消化和吸收。

食用适量的蔬菜和水果。蔬菜和水果中含有丰富的矿物质和维生素，可以提高自身的抵抗力，帮助伤口快速愈合。

多补充水分。俗话说，多喝水能治百病。避免辛辣刺激的食品、浓茶、可乐、咖啡等这类能使神经兴奋的饮料。

生活方面

术后应适度锻炼，但是避免过度疲劳。要注意保暖。同时要保持愉快的心情以减轻压力。当然，个人的清洁卫生也必不可少。若是肥胖女性，最好适当减肥，有利于调节内分泌，降低复发的可能性。

另外，要定期做妇科检查，保持最低一年一次的频率，一旦发现身体异常，应及时治疗。

Case4 流产后的卵巢需耐心保护

患者提问

我刚刚结婚不久就怀孕了，还没准备好做妈妈，所以只好去医院做了人工流产。人工流产术后我的月经量非常少，还总是有一些怪怪的感觉，不知是我多疑还是真的存在，我想知道这个究竟是不是由于人工流产引起的呢？人工流产对身体到底有哪些影响呢？

医生解答

人工流产是医生使用器械进入子宫腔吸刮或钳刮来终止妊娠的方法。人工流产后体内的内分泌水平会急剧下降，没有一个缓慢的适应过程，因此会给机体带来种种不良后果，可引起月经失调，甚至导致卵巢功能下降。

至于人工流产后月经量减少，可能有两种原因。一是宫颈粘连或宫腔粘连，导致经血不能排出或排出不畅。若流产后月经规律，可以每天清晨测基础体温一个周期，以进一步证实排卵是否正常。二是子宫内膜局部损伤后导致

排卵后因卵巢有黄体形成，产生的孕酮作用于下丘脑体温调节中枢，使体温上升0.3~0.5℃，一直持续到经前1~2日或月经第一日，体温又降到原来的水平。

月经量少。可以在月经中期做B超测子宫内膜厚度，必要时做宫腔镜检查，如有内膜粘连，可在宫腔镜下加以分离，再用大剂量雌激素促使内膜增长。是否会影响以后妊娠，要根据检查及治疗结果而定。一旦做了人工流产手术，一定要注意身体的调养，否则，容易留下病根。

加强营养

流产术后应卧床休息1~2天，注意加强营养，多吃些鱼类、肉类、蛋类、豆制品等蛋白质丰富的食物和富含维生素的新鲜蔬菜，以加快身体的康复。术后禁用冷水洗头、擦澡、洗手及洗衣物等，否则冷水刺激可诱发关节炎，遗留下受冷部位关节、肌肉疼痛的毛病。

观察出血状况

人工流产术后如果阴道持续流血超过一周，甚至伴有下腹痛、发热、白带浑浊有臭味等异常表现，就应及时到医院复查诊治。

保持外阴清洁

勤换洗内衣、内裤，每日清洗外阴，经期经常更换卫生巾，血未净者绝对禁止灌洗阴道及坐浴，以免引起上行性感染。

禁止性生活

人工流产术后子宫口没有完全闭合，子宫内膜有一个修复的过程。术后半个月内不要坐浴，术后1个月内严禁房事。

Case5 卵巢切除不等于美丽不再

患者提问

我是一名35岁的普通白领，前段时间做了卵巢切除的手术，我知道卵巢对于女人非常重要，虽然我现在已经有了家庭和孩子，但还是会担心卵巢切除后会给自己带来意料之外的伤害和影响，因此，您能告诉我卵巢切除后会带来哪些变化吗？我需要注意些什么？

医生解答

卵巢切除就意味着女性性腺的"退役"，但它不同于更年期卵巢功能的自然衰退，也不同于子宫切除。卵巢切除术后首先遇到的是雌激素突然减少，所有受雌激素作用的器官都将受到不同程度的影响，如月经停止、生殖器萎缩、乳房变小、性功能减退、皮肤弹性降低，出现如同更年期的一些变化，如自主神经功能紊乱的症状，骨质代谢及脂肪代谢等也会受到影响，而且发生冠状动脉粥样硬化和骨质疏松症的几率较自然绝经者要高。

那么，在这种情况下，又该注意些什么呢？下面我们就来讨论一下。一旦出现需要切除卵巢的情况，一般要在手术后即开始激素替代治疗，同时补充钙剂，这样可延缓更年期的到来，减轻更年期综合征的不利影响，降低骨折的风险，提高生命质量。但并非每个术后病人都需要用外源性雌激素替代自身失去的卵巢分泌的激素，因为女性体内还有一个肾上腺腺体，能分泌少量类似雌激素的物质，这些物质具有雌激素的功能，因此有些病人仅在刚切除卵巢短时期内有些不适，渐渐这些症状会消失，并不出现明显的更年期综合征。

卵巢切除术后要多补充水分；避免油腻的食物；增加蛋白质的摄入，如鱼、肉、豆类、蛋、奶类；适量吃蔬菜水果。另外，吃完饭后可适度运动，这样有助于身体的康复。

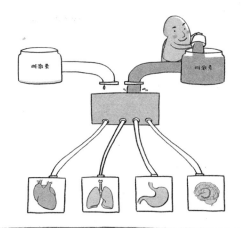

☕ 温馨小提示

由于卵巢对女性至关重要，一般情况下卵巢的各种良性疾病，如卵巢囊肿、卵巢炎症、卵巢结核等，不建议轻易切除卵巢。但是卵巢肿瘤有转移指征者，或者尚未转移而怀疑将有可能转移者，均应切除卵巢。对一部分乳腺癌患者，为了防止卵巢大量分泌雌激素而引起乳腺癌复发，有时也需要切除卵巢。有严重盆腔炎，经久不愈，双侧卵巢炎相当严重，对身体的不良影响超过了卵巢所带来的好处时，也往往考虑切除卵巢。

Case6 乱用卵巢补品不会增添你的魅力

患者提问

我近一段时间来月经量都特别少，也不知是怎么回事，有朋友告诉我说，可能是气血两亏的表现，让我多买一些补品来补补身子，可市场上琳琅满目的补品，我又不知该如何选择，也不知这些补品究竟对身体好不好，能不能改善我的状况，希望你能给我指点迷津。

医生解答

你关注自己的卵巢是一种很好的现象，因为你对自己的身体负责。卵巢功能不好，月经一定不调；但是月经不调，并非一定就代表卵巢功能不好，所以不能盲目吃含激素的补品。

女性卵巢分泌的雌激素和孕激素相辅相成，共同作用，任何一个出现了问题，都会造成整体不协调。因此，维持雌激素与孕激素的平衡是卵巢功能正常的前提条件。所以女性

朋友在选择卵巢补品的时候一定要留心，不要贸然服用含有激素的保健品，以免导致身体内激素的不平衡。其实，若是卵巢没有发生意外的状况，药物补品最好不要选择，在生活中很多食物都可以起到滋补、养护卵巢的作用。平时多吃一些富含钙、叶酸及胡萝卜素的食物，也可适当服用维生素C和维生素E。除此之外，生活要有规律，晚上22点前睡觉，多进行瑜伽、慢跑等有氧运动，保持健康平和的心态等都可以有效避免内分泌失调。

希望我的回答能给你一些启示，祝你早日调理好自己的身体。

Case7 得了卵巢炎，一定要重视

患者提问

我前段时间突然感到下腹压痛和反跳痛，并伴有腹肌紧张的感觉，因此去医院做了妇科检查。检查结果为宫颈举痛，后穹窿饱满，有时附件区可触及压痛明显、边界不清、质软的包块；初步诊断为急性卵巢炎。看到这一结果后我非常的紧张，我应该怎么办呢?

医生解答

卵巢炎通常是由于人体防御机制遭到破坏或抵抗力低下，使病原体趁机侵入卵巢所引发的炎症。分为急性卵巢炎和慢性卵巢炎，其中慢性卵巢炎比较常见。卵巢炎常包

含在盆腔炎内，故临床常有以下症状和体征：

急性卵巢炎可能有发热、腹痛、腰骶部疼痛、肛门坠胀感等症状。慢性卵巢炎则表现为腰骶部不适酸痛、肛门坠胀感、全身疲乏无力、精神欠佳、经量改变，甚至下腹出现包块等症状。

卵巢炎在治疗的过程中一般以药物治疗为主，急性发作时用抗生素治疗；若伴有卵巢周围粘连或卵巢输卵管包裹等情况，可考虑剖腹手术或腹腔镜下粘连分解术。

急性卵巢炎如果耽误治疗的话，可能转变成慢性卵巢炎，甚至还可能引起盆腔炎，最终导致不孕。另外，卵巢炎对卵巢损伤很大，可能造成卵巢功能衰退，形成卵巢早衰。因此，你一定要重视自己的病症，配合医生积极治疗。

慢性卵巢炎的症状有腰骶部不适酸痛、肛门坠胀感、全身疲乏无力、精神欠佳、月经量增多或减少、下腹包块等。慢性卵巢炎由于卵巢感染了细菌，导致卵巢发炎，产生卵巢粘连、卵巢输卵管包裹、卵巢输卵管脓肿及输卵管梗阻、卵巢性排卵障碍等病症，严重者可致不孕。

建议无论是急性卵巢炎还是慢性卵巢炎患者，都应及时、有效、彻底地治疗，尤其是慢性卵巢炎，一定要防止其复发，以免给你的身心和家庭带来更大的伤害。

Case8 卵巢黄体破裂很危险

患者提问

我已经是一个孩子的母亲了，身体状况一直很好。但前几天突然下腹剧痛，到医院检查才知道患了卵巢黄体破裂，在医院进行了一段时间治疗。现在虽然出院了，但我还是担心这个病是否真的治愈了呢？还有，我怎么会得卵巢黄体破裂这个病呢？

医生解答

感谢你对我的信任，我会尽量解答你的疑问。

卵巢黄体一般是不会毫无征兆地突然破裂的。大多数情况下在破裂之前，都伴有卵巢充血、肿大的过程，只是很多时候，这种症状没有引起患者自身的注意而已。

腹部脂肪过多、经常性阴道灌洗、患有盆腔炎等病症的女性都有可能出现卵巢充血。当这种充血的症状出现后，卵巢在外力或间接外力作用下，特别是月经前期时，很容易因大便用力、恶心呕吐、用力过度等因素发生卵巢黄体破裂。

卵巢黄体破裂有一定的危险性。卵巢黄体破裂一般发生在月经周期的第20～26天，发病时可出现下腹部疼痛，轻重不一。如果右侧卵巢破裂，便与阑尾的部位相近，和阑尾炎的腹痛逐渐加重、拒按等表现相似，常被误诊为阑尾炎。

对于卵巢黄体破裂出血不多者，经保守治疗，破裂口可自行闭合。患者一定要卧床休息，可以适当地服用中药以活血祛瘀，攻坚破积，清热解毒。症状严重者一定要手术治疗，以免延误治疗时机。祝愿你早日康复！

Case9 卵巢癌要预防，根治防复发

患者提问

我今年35岁，最近几个月出现了闭经的症状，刚开始以为是太劳累造成的，就没有特别注意。后来又出现了外阴和下肢水肿、食欲不振等症状，只能去医院做检查，结果医生说我患上了卵巢癌。当时感觉天塌下来了一样，我年纪也不算大，怎么会得这种病呢？你能跟我讲一下这种病的病因以及它的治疗方法吗？

医生解答

得知你得病的消息，替你感到焦虑。但是庆幸的是你在早期就发现了问题，因此，只要你配合医生积极治疗，治愈的希望还是很大的。

首先我跟你讲一下卵巢癌的病因。主要有两方面因素：

外部因素：不良的饮食和生活习惯，以及化学、物理、生物等致癌因素。

内部因素：免疫低下、内分泌失调、遗传、精神因素等。

中医认为卵巢癌主要是脏腑失调，气血不和，因经行不慎，伤于风冷，或情志内伤所致。我可以把这句话给你解释一下。卵巢癌的发病原因，主要是由于人体气血不足，导致外界湿、寒等邪气侵入体内引起的。

另外，中医有一种辅助防治早期卵巢癌的基本按摩手法，下面我就给你介绍一下。

1.患者仰卧，用单掌揉按小腹10次，手法应柔和，不能过度用力，然后施掌振法3~5分钟。

2.将双手的大拇指放在血海穴上，其余四指点揉膝上肌肉，点按拿揉并行，操作3~5分钟。

3.点按、弹拨三阴交、阴陵泉穴各1分钟。

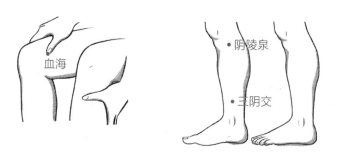

4.这个动作必须找人帮忙。患者取俯卧位，另一人单掌按抚于患者腰骶部，上下搓按，反复揉搓，以热透小腹为宜。

5.将食、中指并拢，点按患者长强穴5~10次。

6.揉按肾俞、命门穴各1分钟。

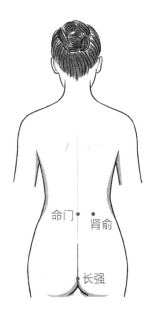

治疗卵巢癌的常用中医治法有清热解毒法及活血化瘀法。具有清热解毒功效的中药有白花蛇舌草、蒲公英、山豆根、青黛、黄柏、黄芩、半枝莲等；具有活血化瘀功效的中药有莪术、鸡血藤、五加皮、赤芍、红花、三棱、蟅虫、水蛭、川芎、归尾等。

为了减少卵巢癌复发要注意以下几点：

减少卵巢癌的复发

1	彻底清除病灶。在卵巢癌手术中应尽可能切除原发肿瘤及所能看到的盆腹腔转移灶，若非必须，只能保留直径小于1.5厘米的癌症灶。
2	坚持长期化疗。卵巢癌的化疗应该是较长时期、持续性的，特别是卵巢癌晚期和不能手术切除者。
3	中药辅助治疗。中医认为治疗癌症要以"软坚散结"为原则。现代研究表明，卵巢恶性肿瘤患者运用中医药治疗有两方面的作用：一是有抑杀癌细胞的作用；二是增强宿主的免疫力。这对患者术前控制病情、术后预防复发均有好处。

Case10 卵巢囊肿蒂扭转，后果严重

患者提问

前一段时间在家里做家务，突然感到一侧的下腹剧痛，而且还伴有恶心、呕吐。躺到床上休息了一会儿，可是情况并没有好转。我怀疑是卵巢囊肿，想请问一下，我的这种症状是卵巢囊肿的症状吗？

医生解答

首先，我建议你先去医院做一个详细的检查，因为很多妇科病症的出现可能伴有其他疾病的发生。拖延时间只会让病情更加严重。

从你所述说的症状来讲，与卵巢囊肿蒂扭转的发病症状极其相似。

卵巢囊肿蒂扭转是因为卵巢肿瘤蒂部较长，囊实部位不一，重心或者极性发生改变，再因体位改变、肠蠕动、或空间变化范围相对较大等原因引起的。如在进行跳跃、

卵巢囊肿蒂扭转容易重心偏于一侧，
有的扭转一圈，有的可扭好几圈。

转身、翻滚、倒立等动作时，或妊娠中期，或产后囊肿或肿瘤有较大的活动空间的时候都可以造成蒂扭转。

而且蒂扭转的角度也不尽相同。扭转的角度小于360°时称为"不全扭转"，有自然松解回复的可能；如扭转360°以上则称"完全扭转"，这个时候蒂是不能自主恢复的，长期扭转的话可使瘤蒂中的静脉受到压迫，导致静脉血不能正常回流，而动脉则会继续供血，进而造成囊肿或肿瘤充血、肿胀，甚至渗血。如果发展到肿瘤呈紫褐色，蒂部再进一步扭转的话，可使动脉血流闭塞，最后导致囊肿或肿瘤缺血、坏死，或破裂，也可继发感染。

因此，建议你立刻去医院检查，对自己的身体负责。

卵巢好
女人不老

图片提供

海洛创意